Sonja Schneider

Erntedank feiern mit Kindern

Das Beschäftigungsbuch für Kinder
Mit mehr als 100 Liedern, Gedichten,
Spiel- und Bastelideen und
interessanten Rezeptvorschlägen

Mitarbeit: Günter Stauch

SÜDWEST

Inhalt

Vorwort 4

Vom Danken und Teilen 6
Die Ursprünge 6
Ein Gespräch über das Ernten 8
Gedichte und Rätsel 9
Lieder und Spiele 10

Erntedankbrotfest 14
Zur Einstimmung 14
Ein Gespräch rund
ums Brot 14
Der Weg eines Weizenkorns 15
Ausflüge 16
Brotrezepte 17
Vorlesegeschichten 20
Gedichte, Reime, Rätsel 21
Fingerspiel 23
Lieder und Spiele 24
Religiöse Erziehung 29
Lieder und Spiele 34

Apfelerntedank 42
Zur Einstimmung 42
Ein Gespräch rund um den
Apfel 42
Wie ein Apfel entsteht 43
Ausflüge 44
Apfelrezepte 45
Vorlesegeschichten 45
Gedichte, Reime, Rätsel 48
Fingerspiele 49
Lieder und Spiele 51
Basteln und Gestalten 54
Religiöse Erziehung 55
Lieder 56

Kartoffelfest 58
Zur Einstimmung 58
Eine tolle Knolle 58
Ein Gespräch rund um die
Kartoffel 59

Ausflüge 60
Kartoffelrezepte 60
Vorlesegeschichten 62

Reime und Rätsel 65
Ein Lied und ein Spiel 66
Basteln und experimentieren 67

Obst- und Gemüseerntedank 68
Zur Einstimmung 68
Gespräch rund ums Obst und Gemüse 68
Ausflüge 69

Gemüserezepte 70
Vorlesegeschichten 71
Gedichte, Reime, Rätsel 74
Lieder und Spiele 76
Basteln und gestalten 81
Sinnesübungen 82
Religiöse Erziehung 83

Schätze der Natur 86
Geschenke vor der Haustür 86
Vorlesegeschichte 86
Rätsel und Lieder 88
Basteln und gestalten 92

Erntedank anderswo 94
Nordamerika 94
Südamerika 96
Schottland 98
Israel 98

Die Dritte Welt 100
Vorlesegeschichten 101
Bastel- und Zuordnungsspiel 103
Religiöse Erziehung 104

Literaturhinweise 106
Impressum/Bildnachweis 109
Register 110

Vorwort

Liebe ErzieherInnen, liebe Eltern, liebe LeserInnen,
Erntedank als einziges Thema für ein ganzes Buch? Das klingt zunächst unglaublich. Doch wer sich die Mühe macht, ein wenig darüber nachzudenken, wird bald feststellen: Die Vielzahl an Ideen, Anregungen und Gestaltungsmöglichkeiten sind in einem Buch kaum unterzubringen.

Der Herbst des Jahres ist auch Erntedankzeit. Keine Jahreszeit ist ein solch fröhliches Fest für alle Sinne: schauen, riechen, schmecken und tasten. Das kann eine gute Gelegenheit sein, mit Kindern über die Natur und die Bedeutung des Dankens zu sprechen und sinnenfrohe Spiele und Aktionen mit ihnen zu veranstalten.

Erntedank darf freilich nicht nur auf die Erntezeit im Herbst bezogen werden. Nicht zu vergessen sind die vielen Schritte und Ereignisse in den Monaten zuvor: Bauern, Gärtner und viele andere Menschen säen, pflanzen und ernten Gemüse, Obst und Getreide. Wie geht das vor sich, was passiert da? Fragen über Fragen.

Seit rund 200 Jahren ist der erste Sonntag im Oktober dem Erntedank gewidmet, der regional verschieden mit Umzügen, Messen und munteren Festen begangen wird.

Dankbarkeit will gelernt sein

Ein weiteres Thema in diesem Zusammenhang: Dankbarkeit. Unsere Kinder kennen meist keine Beschränkungen, Hunger schon gar nicht. Doch auch wir Erwachsenen gehen viel zu selbstverständlich mit den Gütern der Natur um. Und wie bei vielen anderen Gelegenheiten lernen die Kinder auch hier vom Vorbild. Das heißt, sie lernen von uns, den Erwachsenen. So wie wir mit unserer Erde, mit der Umwelt, mit der Natur und den Produkten dieser Natur umgehen und diese würdigen, genauso werden es auch einmal unsere Kinder tun. Nehmen wir es also nicht als selbstverständlich hin, dass wir im Überfluss und im Vergleich zu vielen, vielen anderen Menschen auf dieser Erde quasi wie die Made im Speck leben. Seien wir dankbar und versuchen wir, diese Dankbarkeit in Hilfe für andere umzusetzen. Der Erntedanktag bietet hierzu eine wunderbare Gelegenheit, sich dies alles wieder bewusst zu machen.

Nicht vergessen sollten wir, dass das Erntedankfest auch ein kirchliches Fest ist. Der Gedanke vom Säen, Ernten, Danken und Teilen zieht sich wie ein roter Faden durch die Bibel: Verkündigung – Liturgie – menschlicher Dienst am Mitmenschen.

In den ländlichen Regionen hat das Erntedankfest eine lebendige Tradition und wird unter Anteilnahme von Groß und Klein begangen.

Wenn Eltern, Freunde und Erzieher von ihrem Glauben, den sie dort selbst erfahren haben, etwas abgeben, kann dieser bei Kindern und Heranwachsenden neue Wurzeln schlagen. Wer dankt, wird weiter danken. Es wird ihm bewusst werden, nicht nur selbst zu ernten, sondern die Erntegaben wieder in den Dienst des Lebens zu stellen. Auch deshalb feiern wir Erntedank.

Erntedank feiern – aber wie?

Vielfältig sind die Möglichkeiten, mit Kindern in der Familie oder in der Kindergartengruppe ein Erntedankfest zu feiern. Stellen Sie dieses Herbstfest doch einmal unter ein ganz bestimmtes Motto. Bei allen hierzu gemachten Vorschlägen finden Sie Informationen zu einführenden Gesprächen, die die Kinder zur Mitarbeit motivieren sollen, kombiniert mit Ideen für nicht alltägliche Ausflüge. Es folgen einfache Rezepte, die die Verwendungsmöglichkeiten der Früchte zeigen. Vorlesegeschichten, lustige Rätsel, Gedichte und Reime sowie Fingerspiele erfreuen sich besonders unter den Kleinsten großer Beliebtheit.

Lieder, Spiele und Bastelvorschläge gehören selbstverständlich auch zu einem Erntedankfest.

Besondere Bedeutung kommt der religiösen Erziehung zu. Texte und Lieder beschäftigen sich mit dem Teilen und der Verantwortung für unsere Mitmenschen, denen es nicht so gut geht wie uns.

Fragen der Kinder über das Woher der Früchte, wie diese wachsen, wie sie geerntet werden und wie sie letztendlich auf unserem Tisch landen, werden den Eltern zwar ständig gestellt, doch kaum ein anderes Fest bietet eine solch gute Gelegenheit, den Kindern die Zusammenhänge von Natur und Nahrung zu erläutern wie das Erntedankfest.

Vom Danken und Teilen

Die Ursprünge

Erntefeste sind so alt wie der Ackerbau und über die ganze Erdkugel verbreitet. Seit Jahrtausenden danken Menschen ihren Göttern für die Ernte, da nur eine gute und reichliche Ernte dafür bürgte, dass die Familie ohne Hunger und Not durch den Winter, über die Dürreperiode oder klimatisch ähnlich schwierige Zeiten kommen konnte.

Erntedankfeiern findet man in allen Religionen und Kulturen und sie existieren, seitdem der Mensch Ackerbau betreibt.

Ein uraltes Fest

In der Bibel ist es Kain, der Ackermann, der »dem Herrn Opfer brachte von den Früchten des Feldes« – wie es Martin Luther übersetzte. Das jüdische Laubhüttenfest beispielsweise findet seine Wurzeln im »Fest der Lese«, also dem Dankfest für die Weinernte. Das ebenfalls jüdische Schawuotfest ist ursprünglich der Dank für die Weizenernte.

Erntefeste waren in der gesamten Antike weit verbreitet. Die Griechen dankten Demeter, der Göttin des Ackerbaus – die Römer der ihren, nämlich Ceres. Die Germanen drückten ihren Dank aus, indem sie nach der Kornernte immer ein Büschel Ähren zu Ehren Wodans beließen, der höchsten germanischen Gottheit.

Das Mittelalter kennt Votivmessen – Dankmessen mit Weihgeschenken für die Gebetserhörung – zum Erntedank. Dabei wurden die »Früchte des Feldes« gesegnet.

Aus diesen Opferfesten entwickelten sich im Abendland mit dem Christentum die Erntedankfeste. Jeweils im Herbst, nach dem Einbringen der Ernte, feierten und feiern noch heute die Menschen ein Dankfest. Dank deshalb, weil die beschwerliche Arbeit auf den Feldern mit einer guten Ernte belohnt wurde, die einen beruhigt der kalten Jahreszeit entgegensehen ließ. Die Menschen zollten einander Anerkennung für Mühe und Arbeit, aber vor allem dankten sie Gott, der auch in diesem Jahr wieder seine schützende Hand über die Erde und die Pflanzen hielt.

Die Früchte des Herbstes – ein Geschenk der Natur und Lohn für die Arbeit eines ganzen Jahres.

Erntedank heute

Erntedank ist heute kein offizieller kirchlicher Feiertag – trotzdem jedoch fest im Kirchenjahr verankert. Zunächst zur Reformationszeit am ersten Sonntag nach St. Michaelis, am 29. September, begangen, legten die Preußen 1773 den Erntedanktag auf den ersten Sonntag des Monats Oktober. An diesem Tag vergnügten sich die Landarbeiter auf den Höfen ihrer Gutsherren, die ihnen das Erntebier spendierten. Als Gegenleistung überreichten sie ihrem Gutsherrn die Erntekrone. Die Gebräuche sind heute von Gemeinde zu Gemeinde unterschiedlich. In manchen Kirchen werden Obst, Gemüse und Getreide geweiht, in anderen legt man prachtvolle Bilder aus Blüten, Früchten und Gemüsen vor dem Altar aus. Häufig finden auch farbenprächtige Umzüge über die Felder und durchs Dorf statt. Andernorts wird eine Messe unter dem Erntekranz gefeiert oder Kinder tragen mit Obst und Gemüse behangene Stöcke in die Kirche. Diese »Erntedankbäume« sind ein Zeichen für die Fülle der empfangenen Früchte in Feld und Garten und ein Zeichen des Dankes.

Vom Überfluss und dem Verlust der Dankbarkeit

Doch wie auch immer Erntedank im deutschsprachigen Raum gefeiert wird: Wer ist sich, wenn er einmal ganz ehrlich ist, denn eigentlich der ursprünglichen Hintergründe des Dankfestes noch bewusst? Wer müht sich in unserer

Auch die Herbstkirchweih oder -kirmes steht in direktem Zusammenhang mit den Erntedankfeiern. Dieses fröhliche und zünftige Volksfest mit Musik, Tanz und Wettspielen wird nach dem Abschluss der Erntearbeiten gefeiert und dauert mehrere Tage.

Zeit noch auf den Feldern ab, erntet noch selbst und bangt bei Unwetter und Sturm um sein Gemüse und Getreide? Das Jahr mit seinen Zeiten der Aussaat, des Wachsens, Reifens und der Ernte ist im Zeichen des Konsums und der ständigen Verfügbarkeit völlig auf den Kopf gestellt worden.

Der Erntedanktag kann eine schöne Gelegenheit sein, sich selbst wie auch den Kindern wieder bewusst zu machen, dass Obst und Gemüse eben nicht in den Kisten der Frischwarenabteilung des Supermarktes wachsen und wie selbstverständlich stets zur Verfügung stehen. Dieses herbstliche Fest bietet hervorragende Möglichkeiten, Kindern in spielerischer Form die wichtigen Zusammenhänge von Natur und Ernährung zu erklären und vor allem das Gefühl der Dankbarkeit zu vermitteln.

Der Almabtrieb, den die Bauern in den Alpenländern feiern, entspricht dem Erntefest. Der Käse wird ins Tal gebracht, die wohl genährten Kühe werden von der Alm heruntergetrieben. Für diesen Heimweg schmückt man sie mit bunten Bändern, Blumen und Kräuterkränzen.

Ein Gespräch über das Ernten

Wo, was, wie und wofür geerntet wird

In einem ersten Gespräch sollten Sie mit den Kindern schwerpunktmäßig auf die Früchte eingehen, die in Ihrer Region wachsen und deren Wachstum die Kinder auch beobachten können. Sei es bei einem gemeinsamen Besuch einer Gärtnerei, zu Hause im Garten der Eltern oder sogar direkt beim Bauern. Auch ein Spaziergang durch die Felder, in größeren Abständen übers Jahr verteilt, wäre eine gute Gelegenheit, die Kinder auf die unterschiedlichen Wachstumsphasen von Gemüsen oder Getreide aufmerksam zu machen.

Mögliche Fragen

Wo wird geerntet?
Acker, Feld, Garten ...
Was wird geerntet?
Getreide, Obst, Gemüse, Beeren, Pilze ... (einzelne Sorten nennen lassen).
Wie wird geerntet?
Per Hand, gepflückt, ausgegraben, aufgelesen; mit Maschinen (Mähdrescher) ...
Wofür brauchen wir die Früchte?
Getreide: Brot, Kuchen, Brei ...
Obst: Frischobst, Saft, Marmelade, Kompott ...
Gemüse: gekochtes Gemüse, Salat, Rohkost etc.

Gedichte und Rätsel

Erntedank

Ihr lieben Leute, lasst euch sagen:
Wir brachten heim den letzten Wagen.
Wir brachten heim die letzten Garben:
nun soll im Lande keiner darben!
Der eine hat Hunger und kein Brot,
der andere hat Brot – und mag nicht essen.
Wir haben Hunger, haben Brot;
Gott, lass den Dank uns nicht vergessen.

Ich weiß einen Stern gar wundersam

Ich weiß einen Stern gar wundersam,
darauf man lachen und weinen kann.
Mit Städten voll von tausend Dingen,
mit Wäldern darin die Vögel singen.
Ich weiß einen Stern drauf Blumen blühn,
drauf herrliche Schiffe durch Meere ziehn.
Er trägt uns, ernährt uns, wir haben ihn gern,
Erde so heißt unser lieber Stern.

Zwei Rätsel vom Bitten und Danken

Will das Kind gern etwas haben
von der Mutter guten Gaben
und vergisst, was sich gehört,
wird ihm gar nichts gern gewährt.
Mutter fragt dann sehr geschwind:
Ei, wie sagt das gute Kind? *(Bitte!)*

Hat das Kind etwas genommen
seinen Wunsch erfüllt bekommen
und vergisst, was sich gehört,
wird der nächste Wunsch verwehrt.
Mutter fragt dann sehr geschwind:
Na, was sagt das gute Kind? *(Danke!)*

Die Selbstverständlichkeit, mit der das tagtägliche Brot, das Glas Milch und die frischen Früchte zur Verfügung stehen, haben bei manchen Kindern – und auch Erwachsenen – das Gefühl der Dankbarkeit vergessen oder auch nie entstehen lassen. Kleine Gedichte oder Rätsel sollen helfen, zu einem frohen Danken zu kommen.

9

Lieder und Spiele

Wenn es regnet

T: Rolf Krenzer
M: Martin Götz

Wie wichtig auch der Regen für das Gedeihen allen Lebens ist, zeigt dieses kleine Lied. Nur der jahreszeitlich bedingte stete Wechsel von Regen und Sonne garantiert gesundes Wachstum.

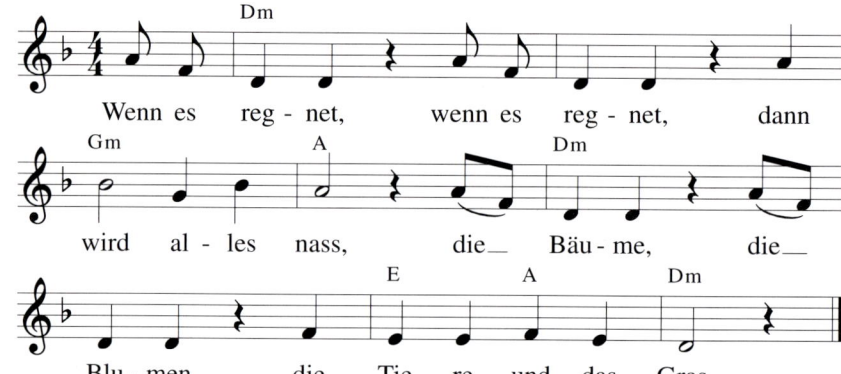

Wenn es reg - net, wenn es reg - net, dann wird al - les nass, die Bäu - me, die Blu - men, die Tie - re und das Gras.

2. Wenn es regnet, wenn es regnet,
   dann gibt es keine Not.
   Schnell wachsen die Kartoffeln
   und Korn für Mehl und Brot.

3. Scheint die Sonne, scheint die
   Sonne,
   dann reift es und gedeiht.
   Und dann können wir auch ernten,
   dann ist es schon so weit.

4. Lasst uns danken, lasst uns
   danken,
   greift zu, nehmt und esst!
   Kommt zusammen, denn wir
   feiern
   aus Dankbarkeit ein Fest!

Aus: MC »Wir danken für die Ernte«. © Lahn-Verlag, Limburg

Herbstzeit ist Erntezeit

Mündlich überliefert

Herbst-zeit ist Ern-te-zeit, es gibt jetzt viel zu se-hen.

Herbst-zeit ist Ern-te-zeit und die-se Zeit ist

schön. Mäh - dre-scher mäh-he das Korn_ das ich

se-he. Mä-he al-les ab. Zack – zack!

Instrumentations-vorschlag:
Klanghölzer: 3 Schläge bei »Erntezeit«
Hängendes Becken: bei »sehen« und »schön«
Röhrentrommel:
1. Strophe
Triangel: 2. Strophe
Guiro: 3. Strophe
Trommel: bei »zack – zack«.

2. Von den Bäumen munter
   fall'n die Äpfel runter.
   Fallen sie herab.
   Zack - zack.

3. Lasst uns Rüben ziehen,
   die im Boden liegen.
   Zieht mit aller Kraft.
   Zack - zack.

Wir ernten im Garten

Organisation: Frei, mindestens 10 Kinder
Material: Apfel, Birne, Pflaume, Schale mit Obstsalat

Zwei Spieler halten sich an den Händen. Sie stellen ein Gartentor dar. Sie gehen langsam auseinander, sodass sich das Gartentor öffnet.

> *»Wir sind das Gartentor.«*

Ein Spieler stellt einen Apfelbaum dar.

> *»Ich bin der Apfelbaum und stehe im Garten.«*

Ein Spieler stellt den Wind dar und pustet den Apfelbaum an.

> *»Ich bin der Wind und sause durch die Zweige.«*

Ein weiterer Baum kommt hinzu.

> *»Ich bin der Birnbaum und stehe im Garten.«*

Jetzt kommt die Sonne hinzu. Sie hält ihre gespreizten Finger strahlenförmig um ihren Kopf.

> *»Ich bin die Sonne und scheine auf die Bäume.«*

Ein dritter Baum kommt hinzu.

> *»Ich bin der Pflaumenbaum und stehe im Garten.«*

Mit den Händen wird vom nächsten Spieler gezeigt, wie es regnet.

> *»Ich bin der Regen und tropfe auf die Blätter.«*

Ein Kind kommt in den Garten und pflückt Obst von den Bäumen.

> *»Ich bin die Carmen und pflücke das Obst.«*

Die Mutter kommt mit einer großen Schüssel.

> *»Ich bin die Mutter. Komm, Carmen, wir machen einen Obstsalat!«*

Carmen bringt der Mutter das Obst, das sie gepflückt hat.

Erzähler:

> *»Alle haben geholfen, damit wir das Obst ernten konnten. Der Garten, der Apfelbaum, der Wind, der Birnbaum, die Sonne, der Pflaumenbaum und der Regen.«*

(Entweder benennt der Erzähler die einzelnen Mitspieler und zeigt auf sie, oder diese sagen selbst, was sie dargestellt haben.)

Alle Mitspieler stellen sich im Halbkreis auf. Mutter und Carmen kommen hinzu und bringen eine große Schüssel Obstsalat mit.

Carmen: »Wir wollen zusammen feiern.«

Mutter: »Wir danken Gott für die gute Ernte.«

Sie verteilen den Obstsalat an alle Mitspieler.

Aus: Rolf Krenzer, »Wir danken für die Ernte«. © Lahn-Verlag, Limburg

Kinder haben eine rege Phantasie, was sich ganz deutlich beim Spiel zeigt. Solche Spiel- beziehungsweise Darstellungslieder sind daher eine schöne Herausforderung und machen viel Spaß.

*Naturerlebnisse sind
für die Entwicklung
unserer Kinder
wichtig.
Sie vermitteln
Kenntnisse über
unsere Umwelt und
Ehrfurcht vor dem
Wunder der
Schöpfung.*

Wie ist das mit dem Teilen?

Organisation: Frei

Material: Eine lange Schnur, diverses Material wie Spielsachen, Süßigkeiten usw.

Sie brauchen eine lange Schnur und viele Sachen, die alle Kinder mögen, z.B. Spielautos, Puppen und viele andere Spielsachen, dazu Süßigkeiten wie eingepackte Bonbons, Lutscher usw. Binden Sie mit den Kindern alle Sachen an diese Schnur.

Nun darf ein Kind alles für sich haben, und es wickelt die lange Schnur mit den vielen Sachen so lange um sich herum, bis es sich kaum noch rühren kann.

Und die anderen? Sie haben nichts!

Darauf lässt sich das Kind von den anderen langsam auswickeln. Jeder fasst an die Schnur, und jeder bekommt etwas von den Sachen, die an ihr hängen. Wenn alle die Schnur in der Hand halten, bilden die Kinder einen großen Kreis und tanzen zusammen. Dazu eignen sich sehr gut die Lieder: »Gibst du mir von deinem Apfel ab« (Seite 56) und ebenso das »Lied vom Überfluss« (Seite 105).

Teilen will gelernt sein. Vielen fällt es ausgesprochen schwer, etwas von dem abzugeben, an dem man besonders hängt. Teilen heißt aber nun nicht »opfern«, wie uns das Spiel »Wie ist das mit dem Teilen« zeigt. Zu viel Besitz kann im wahrsten Sinne des Wortes unbeweglich und ziemlich unfrei machen.

Erntedankbrotfest

Zur Einstimmung

Brot ist eines der elementarsten Lebensmittel und mit seiner rund dreitausendjährigen Geschichte auch eines der ältesten. Es ist bis heute, vor allem in Deutschland, wo es mehrere hundert Brotsorten gibt, eines der wichtigsten Grundnahrungsmittel geblieben.

Dass Brot wie kaum ein anderes Nahrungsmittel als die Grundlage empfunden wurde und auch immer noch wird, geht aus dem Wort hervor: »Unser tägliches Brot gib uns heute.« Damit ist natürlich nicht nur gemeint, dass einem das Brot gegeben werde, sondern Brot steht hier für Sattwerden und Ernährung ganz allgemein.

Nun ist Brot aber nicht nur einfach Brot. Da sind beispielsweise die vielen verschiedenen Sorten, die gebacken werden; und bis aus dem Getreide Nahrung, also Brot wird, ist die Arbeit vieler Hände notwendig. Und weil Brot so wichtig ist, fehlt es natürlich auf keinem Erntewagen oder -tisch in der Kirche. Das Thema Brot eignet sich demnach fast wie kein anderes, um mit den Kindern gemeinsam die Bedeutung eines Nahrungsmittels und den Gedanken der Dankbarkeit zu erarbeiten.

Brot ist weltweit das Grundnahrungsmittel Nummer Eins und eines der ältesten überhaupt. Weil es für die Menschen so wichtig ist, fehlt ein Laib Brot auf keinem Erntetisch in den Kirchen.

Ein Gespräch rund ums Brot

Bringen Sie ein frisches Brot mit, lassen Sie die Kinder daran riechen, es anfassen. Schneiden Sie es auf, oder besser, lassen Sie die Kinder davon Stücke abbrechen, die dann gegessen werden. Während alle von dem wunderbar duftenden Brot essen, überlegen alle zusammen, was ihnen zum Thema Brot und Getreide einfällt.

Welche Brotsorten kennen wir?
Weißbrot, Graubrot, Schwarzbrot, Körnerbrot ...
Welche Getreidesorten kennen wir, und wofür werden sie verwendet?
Weizen für Brot, Brötchen.

14

Roggen für Brot und Brötchen sowie für Vollkornprodukte.

Hafer für Haferflocken, Müsli, Haferschleim für Babys und Hafer als Viehfutter.

Gerste geröstet zur Herstellung von Malzkaffee, auch für Bier und als Viehfutte, vor allem für Pferde.

Hirse beispielsweise für Brei, aber natürlich auch für Brot.

Mais für Grieß, Salat, Viehfutter ...

Aus anderen Ländern beispielsweise den Reis.

Der Weg eines Weizenkorns

Brot wird aus Getreide hergestellt beziehungsweise aus dem gemahlenen Korn, dem Mehl. Bis aus dem kleinen Korn aber eine große Getreidepflanze wird, die in ihren Ähren wieder neue Getreidekörner liefert, ist ein langer Weg zurückzulegen, den wir mit den Kindern erleben wollen.

Beim Bauern bekommen Sie für relativ wenig Geld ungemahlenes Getreide. Wohnen Sie in der Stadt, sollten Sie im Naturkost-/Bioladen oder auch in einem Reformhaus ebenfalls ungemahlenes Getreide erhalten. Vielleicht fragen Sie aber auch in einer größeren Gärtnerei nach.

Nun, mit genügend Getreidekörnern versorgt, können die Kinder diese in einem Beet im Kindergarten, im elterlichen Garten oder aber auch einzelne Körner in einer Schale beziehungsweise in einem Blumentopf säen und sich selbstverantwortlich um das Wohl der kleinen Pflanzen kümmern.

In den nächsten Tagen und Wochen beobachten Sie mit den Kindern das Wachstum und besprechen mit ihnen, was ein Weizenkorn alles zum Wachsen braucht: Licht, Wärme, Wasser und Erde.

Wichtig: Damit das Getreide auch zur rechten Zeit erntereif ist, solllten die Kinder nicht später als im März aussäen. Achten Sie darauf, dass Sie Sommerweizen verwenden! Denn Winterweizen braucht 40 bis 80 Tage lang eine ziemlich kühle Phase von unter 7 °C, um überhaupt zur Keimung zu gelangen.

Ein Experiment

In diesem Zusammenhang könnten die Kinder ein interessantes Experiment ausprobieren, das zeigt, wie die Pflanzumgebung das Saatgut beeinflusst. Dazu sät man einige Körner Sommerweizen in verschiedenen Behältern aus: nur in Wasser, in feuchter Watte und in Blumenerde. In Wasser dürfte sich kein Keimling entwickeln, da er Sauerstoff braucht. In Watte und Blumenerde sollte die Saat aufgehen. Für eine optimale Sämlingsentwicklung braucht der Weizen allerdings eine Saattiefe von zwei bis vier Zentimetern. Das beste Ergebnis sollte also bei der Saat in Erde vorliegen.

Ausflüge

Beim Bauern

Wenn Sie die Möglichkeit haben, dann unternehmen Sie mit den Kindern über die Monate Anfang März bis Ende August/Anfang September mehrere Ausflüge aufs Land und beobachten zusammen die verschiedenen Stadien des Getreideanbaus von der Aussaat bis zur Ernte direkt beim Bauern. Vielleicht können Sie sogar beim Dreschen des Korns zuschauen.

Beim Müller

Gibt es in der Nähe eine Mühle, so ist es natürlich höchst spannend zu sehen, wie aus den Körnern das Mehl gemahlen wird. Das fertig gemahlene Mehl können Sie dort auch meistens direkt kaufen. Allerdings bekommt man es normalerweise nur in größeren Mengen.

Die Nachfolger der Sauerteigspezialisten in Ägypten sind die Deutschen geworden. In kaum einem anderen Land werden so viele Sauerteigbrotsorten angeboten wie in Deutschland, und da vor allem im Rheinland.

Sauerteig – eine Erfindung der Ägypter

Die alten Ägypter fanden heraus, dass der normale Brotteig unter bestimmten Bedingungen ziemlich schnell in eine gärende Masse übergeht, die säuerlich schmeckt. Außerdem entdeckten sie, dass man mit diesem Teig, wenn man ihn ausbackte, ein sehr schmackhaftes und würziges Brot erhielt.

Mit diesem »geheimnisvollen« Teig konnte man allerdings nicht nur Brot backen, nein, er pflanzte sich sogar wie ein Lebewesen selbst fort. Mit einer geringen Menge an Sauerteig konnte man immer wieder große Mengen Sauerteig herstellen – ein Verfahren, das wir auch heute noch anwenden.

Das Brot der Ägypter war zur damaligen Zeit, in der die anderen Völker nichts anderes als ihre flachen, pfannkuchenähnlichen Fladenbrote kannten, eine wahre Sensation – wenn auch misstrauisch beäugt. Die Juden betrachteten dieses Sauerteigbrot als unsauber, weil sauer, also nach damaligem Verständnis »verfault«. Deshalb verbannten sie es aus ihren Tempeln. Und auch heute noch wird das Abendmahl der Christen mit ungesäuertem Brot zelebriert.

Beim Bäcker

Ist das Korn zu Mehl gemahlen, führt der nächste Ausflug zum Bäcker. Besichtigen Sie mit den Kindern möglichst eine kleinere Bäckerei, in der noch viel per Hand geschieht, so dass alle von der Herstellung der Brötchen, Brote und Kuchen noch viel sehen können.

Parallel zu diesen Ausflügen können die Kinder selbst Korn aussäen (siehe Seite 15), es ernten und die Ähren »dreschen« beziehungsweise die Körner herauspulen, die dann in einer Handgetreidemühle gemahlen werden. Dieses Mehl kann für die nachfolgenden Rezepte mitverwendet werden.

Brotrezepte

Mischbrot

Zutaten: 750 g Roggenmehl, 750 g Weizenmehl, 300 g Sauerteig (vom Bäcker oder aus dem Reformhaus), 20 g Salz, 1/2 l Wasser, 2 Würfel Hefe, etwas Fett.

Zubereitung: Die beiden Mehlsorten in eine Schüssel geben und gut miteinander vermengen. Dann rechts und links eine kleine Kuhle machen, in die eine das Salz und in die andere die zerkrümelte Hefe, die mit etwas warmem Wasser angelöst wird, geben. Anschließend den Rest des Wassers und den Sauerteig hinzugeben und alles miteinander verrühren. Salz und Hefe sollten erst ganz zum Schluss zusammenkommen.

Die Schüssel zudecken und den Teig an einem warmen Ort etwa 30 Minuten gehen lassen. Danach den Teig kräftig durchkneten und mit ihm eine gefettete, leicht bemehlte Kastenbackform zur Hälfte füllen. Achtung: Die Form darf nur zur Hälfte gefüllt sein, da der Teig sonst spätestens beim Backen über die Ränder quillt. Nochmals an einem warmen Ort zugedeckt für 20 Minuten weitergären lassen.

In der Ruhezeit den Backofen auf 250 °C vorheizen. Nun die Oberfläche des Laibes mit Wasser bestreichen, einritzen und dann das Brot für 20 Minuten bei 250 °C, danach für weitere 70 Minuten bei 200 °C backen. Damit die Kruste auch wirklich wunderschön braun und knusprig wird, bestreichen Sie das Brot während des Backens mehrmals mit Wasser. Öffnen Sie die Ofentür nur so weit wie nötig, damit die Hitze nicht entweicht. Nach dem Backen das Brot sofort aus der Form lösen und noch ein weiteres Mal mit Wasser bestreichen.

Abkürzungen
EL = Esslöffel
TL = Teelöffel
l = Liter
g = Gramm
ca. = circa
°C = Grad Celsius

In manchen Landbäckereien werden die knusprigen Brotlaibe noch im traditionellen Steinbackofen über einem Holzfeuer gebacken.

Weißbrot

Brot aus feinem hellen Mehl, aus Weizenmehl, war lange Zeit nur für die Oberschicht erschwinglich oder wurde nur für Kuchen und Gebäck genutzt. Das einfache Volk musste sich mit dem groben (aber gesünderen) Roggenbrot begnügen. Noch heute bezeichnen die Franzosen daher das Schwarzbrot als das »Brot der armen Leute«.

Zutaten: 500 g Mehl, 1 Würfel Hefe, 1/4 l Milch, 1 TL Salz, 1 gehäufter EL Zucker, etwas Fett, 1 Eigelb.

Zubereitung: Die Hefe mit dem Zucker in der lauwarmen Milch auflösen und mit der Hälfte des Mehls in einer großen Schüssel zu einem Vorteig verarbeiten. Die Schüssel zudecken, warm stellen und den Teig für etwa 20 Minuten gehen lassen. Danach den Rest des Mehls und das Salz hinzufügen, den Teig kräftig kneten, bis er eine elastische, trotzdem feste Konsistenz hat. Den Teig in eine gut gefettete, leicht bemehlte Kastenform geben.

Die Oberfläche des Brotlaibes einschneiden und den Teig nochmals für 20 Minuten zugedeckt warm stellen. In der Zwischenzeit den Backofen auf 175 bis 200 °C vorheizen. Nun den Brotrücken mit etwas Milch oder auch Eigelb bestreichen, die Form in den heißen Ofen stellen und 60 bis 90 Minuten bei 175 bis 200 °C backen. Nach dem Backen sofort aus der Form lösen.

Süßer Hefezopf oder süße Brötchen

Zutaten: Siehe Weißbrot, jetzt aber mit mehr Zucker.

Zubereitung: Siehe Weißbrotteig, diesen nur stärker süßen. Nach dem letzten Aufgehen den Teig entweder der Länge nach in drei gleiche Teile schneiden und zu einem Zopf flechten oder zu kleinen Brötchen formen. Den Zopf oder die Brötchen noch einmal kurz gehen lassen, dann mit Eigelb bestreichen und mit gehackten Mandeln bestreuen. Den Zopf für etwa 60 bis 90 Minuten bei ca. 200 °C im vorgeheizten Backofen goldgelb backen. Die kleineren Brötchen sind bei gleicher Temperatur bereits nach etwa 30 bis 40 Minuten fertig.

Brot, das man einfach bricht

Zutaten: 250 g Mehl, 1 knapper TL Salz, 2 1/2 TL Backpulver, 50 g Butter oder Margarine, gut 1/8 l Milch, etwas Fett, 1 Eigelb, 50 g geriebenen Parmesankäse.

Zubereitung: Mehl, Salz und Backpulver in einer Backschüssel verrühren. Nun Butter oder Margarine in Flöckchen dazugeben, nochmals gut mischen. Milch hinzufügen und alles zu einem festen Teig kneten. Den Teig auf die bemehlte Arbeitsfläche geben und zu zwei langen Broten formen.

Nun das Backblech mit Butter einfetten, die Brote darauf legen und in jedes Brot mit dem Messerrücken acht Rillen eindrücken. Zum Schluss das Brot mit Ei bepinseln und mit dem geriebenen Parmesankäse bestreuen. Das Blech in den vorgeheizten Ofen auf die obere Schiene schieben und 15 bis 20 Minuten bei 225 bis 250 °C backen.

Früher segnete die Mutter das Brot, bevor es angeschnitten wurde, indem sie mit dem Messer ein Kreuz auf die Unterseite des Brotlaibes ritzte.

Kranzbrot à la Provence

Zutaten: 1 Päckchen Trockenhefe, 1 TL brauner Zucker oder Ahornsirup, ca. 0,4 l warmes Wasser, 250 g Roggenmehl, 250 g Weizenschrot, etwa 3 gestrichene TL Vollmeersalz, 2 EL Keimöl, 2 EL Milch zum Bestreichen, etwas Fett.

Zubereitung: Hefe mit Zucker und etwas warmem Wasser verrühren und an einem warmen Ort 15 Minuten ziehen lassen. Die beiden Mehlsorten in eine Schüssel geben und mit der Hefe und den übrigen Zutaten verkneten, bis der Teig sich als Kloß vom Schüsselrand löst. An einem warmen Ort noch einmal für 30 Minuten abstellen, danach alles gut durchkneten und einen runden Laib formen.

Mit einem Kochlöffel in der Mitte ein Loch bohren und mit den Händen so weit vergrößern, dass ein Ring entsteht. Diesen nun auf ein gefettetes Backblech legen und noch einmal 30 Minuten ruhen lassen. Danach den Ring mit Milch bestreichen und die Oberfläche zickzackförmig einschneiden. Eventuell mit Kräutern bestreuen. Im vorgeheizten Ofen bei 200 °C etwa 25 bis 30 Minuten backen.

Vorlesegeschichten

Der dicke, fette Pfannkuchen

Eine kleine Geschichte, die den Kindern den Gedanken vom Teilen nahe bringen soll.

Vorlesetext

Zur Abrundung der Geschichte könnten Sie gemeinsam mit den Kindern einen großen Pfannkuchen backen, der, wie in dem Märchen, unter allen geteilt wird.

▶ Es waren einmal drei alte Weiber, die gern einen Pfannkuchen essen wollten. Da gab die erste ein Ei dazu, die zweite Milch und die dritte Fett und Mehl. Als der dicke, fette Pfannkuchen fertig war, richtete er sich in der Pfanne auf und lief den drei alten Weibern fort und lief immerzu und lief kanntapper, kanntapper in den Wald hinein. Da begegnete ihm ein Häschen und rief: »Dicker, fetter Pfannkuchen, bleib stehen, ich will dich fressen!« Der Pfannkuchen antwortete: »Ich bin drei alten Weibern entlaufen und soll dir, Häschen Wippsteert, nicht entlaufen?«, und lief kanntapper, kanntapper in den Wald hinein. Da kam ein Wolf herangelaufen und rief: »Dicker, fetter Pfannkuchen, bleib stehen, ich will dich fressen!« Der Pfannkuchen antwortete: »Ich bin drei alten Weibern entlaufen und Häschen Wippsteert und soll dir, Wolf Dicksteert, nicht entlaufen?«, und lief kanntapper, kanntapper in den Wald hinein. Da kam eine Ziege herangehüpft und rief: Dicker, fetter Pfannkuchen, bleib stehen, ich will dich fressen!« Der Pfannkuchen antwortete: »Ich bin drei alten Weibern entlaufen und Häschen Wippsteert und Wolf Dicksteert und soll dir, Ziege Langbart, nicht entlaufen?«, und lief kanntapper, kanntapper in den Wald hinein. Da kam ein Pferd herbeigesprungen und rief: »Dicker, fetter Pfannkuchen, bleib stehen, ich will dich fressen!« Der Pfannkuchen antwortete: »Ich bin drei alten Weibern entlaufen und Häschen Wippsteert und Wolf Dicksteert und Ziege Langbart und soll dir, Pferd Plattfaut, nicht entlaufen?«, und lief kanntapper, kanntapper in den Wald hinein. Da kam ein Schwein herbeigerannt und rief: »Dicker, fetter Pfannkuchen, bleib stehen, ich will dich fressen!« Der Pfannkuchen antwortete: »Ich bin drei alten Weibern entlaufen und Häschen Wippsteert und Wolf Dicksteert und Ziege Langbart und Pferd Plattfaut und soll dir, Schwein Kringelsteert, nicht entlaufen?«, und lief kanntapper, kanntapper in den Wald hinein. Da kamen drei Kinder daher, die hatten keinen Vater und keine Mutter mehr, und sprachen: »Lieber Pfannkuchen, bleib stehen, wir haben nichts gegessen den ganzen Tag!« Da sprang der dicke, fette Pfannkuchen den Kindern in den Korb und ließ sich von ihnen essen. ◀

Aus: Praxishilfen für den Kindergarten. © Verlag Herder, Freiburg

Die Kornähre

Zeiten des Überflusses lassen genügend Nahrung selbstverständlich erscheinen. Dass das auch ganz schnell vorbei sein kann, zeigt diese kurze Geschichte der Brüder Grimm.

▶ Vor Zeiten, als Gott noch selbst auf Erden wandelte, da war die Fruchtbar-
keit des Bodens viel größer, als sie jetzt ist; damals trugen die Ähren nicht
fünfzig- oder sechzigfältig, sondern vier- bis fünfhundertfältig. Da wuchsen die
Körner am Halm von unten bis oben hinaus: so lang der war, so lang war auch
die Ähre.

Aber wie die Menschen sind, im Überfluss achteten sie des Segens nicht
mehr, der von Gott kommt, wurden gleichgültig und leichtsinnig. Eines Tages
ging eine Frau an einem Kornfeld vorbei, und ihr kleines Kind, das neben ihr
sprang, fiel in eine Pfütze und beschmutzte sein Kleidchen. Da riss die Mutter
eine Handvoll der schönen Ähren ab und reinigte ihm damit das Kleid.

Als der Herr, der eben vorüberkam, das sah, zürnte er und sprach: »Fortan soll
der Kornhalm keine Ähre mehr tragen, die Menschen sind der himmlischen
Gabe nicht länger wert.« Die Umstehenden, die das hörten, erschraken, fielen
auf die Knie und flehten, dass er noch etwas möchte an dem Halm stehen lassen, wenn sie selbst es auch nicht verdienten, doch der unschuldigen Hühner
wegen, die sonst verhungern müssten.

Der Herr, der ihr Elend voraussah, erbarmte sich und gewährte die Bitte. Also
blieb noch oben die Ähre übrig, wie sie jetzt wächst. ◀

Nach Brüder Grimm

Vorlesetext

**Geschichten regen die Phantasie an – sicher-
lich wollen die Kinder wissen, wie eine solche
»Superkornähre« eigentlich ausgesehen
haben mag. Bringen Sie ganz normale Weizenähren mit, und las-
sen Sie beispielsweise die Kinder nach dem
Vorlesen das Märchen in selbst gemalte Bil-
dern umsetzen.**

Gedichte, Reime, Rätsel

Der Bauer baut mit Müh und Not

Der Bauer baut mit Müh und Not
das Korn für unser täglich Brot.
Zum Müller wird das Korn gebracht
und feines Mehl daraus gemacht.
Der Bäcker nimmt das Mehl ins Haus

und bäckt im Ofen Brot daraus.
Die Mutter streicht noch Butter drauf
und wir – wir essen alles auf.

E. Lausch

Das Ährenfeld

Ein Leben war's im Ährenfeld,
Wie sonst wohl nirgends auf der Welt:
Musik und Kirmes weit und breit
Und lauter Lust und Fröhlichkeit.

Die Grillen zirpten früh am Tag
Und luden ein zum Zechgelag:
Hier ist es gut, herein, herein!
Hier schenkt man Tau und Blütenwein.

Der Käfer kam mit seiner Frau,
Trank hier ein Mäßlein kühlen Tau,
Und wo nur winkt ein Blümelein,
Kehrt gleich das Bienchen ein.

Den Fliegen ward die Zeit nicht lang,
Sie summten manchen frohen Sang.
Die Mücken tanzten ihren Reihn
Wohl auf und ab im Sonnenschein.

Das war ein Leben ringsumher,
Als ob es ewig Kirmes wär.
Die Gäste zogen aus und ein.
Und ließen sich's gar wohl dort sein.
Wie aber geht es in der Welt?

Heut ist gemäht das Ährenfeld,
Zerstöret ist das schöne Haus,
Und hin ist Kirmes, Tanz und Schmaus.

Hoffmann von Fallersleben

Das etwas traurige Ende des Gedichtes »Das Ährenfeld« stellt deutlich dar, dass das Leben nicht nur aus Sonnenschein besteht. Doch mit dem neuen Jahr, mit dem neuen Ährenfeld wird auch wieder neues Leben, Tanz und Freude auf dem Feld einkehren.

Zwei Rätsel vom Korn

Will man vieles von mir haben,
muss man mich vergraben.
(Samen)

Wenn der Bauer es nicht aussät,
kommen alle in Gefahr.
Denn der Bäcker müsste sagen:
Brot gibt's erst im nächsten Jahr.
(Korn)

Fingerspiel

Hab ein Beet im Garten

Fingerspiele, Rätsel und Spiele mit Gesang sind vor allem bei kleinen Vorschulkindern sehr beliebt, aber auch größere haben Spaß daran, altbekannte Verse aufzusagen und Lieder zu singen.

So wird gespielt

Hab ein Beet im Garten klein,
hark es fleißig über,
streu die winz'gen Körnchen rein,
decke Erde drüber.

Die linke Handfläche zeigt nach oben. Die rechten Finger fahren über die linke Handfläche, mit der rechten Hand Körner »säen«, dann »Erde« darüber decken.

Geht die liebe Sonne auf,
wärmt das Beet mit Strahlen.
Regentropfen fallen drauf,
keimen bald die Samen.

Die rechte Hand stellt erst die Sonne dar, dann mit den Fingern Regentropfen fallen lassen.

Da erwacht das Pflänzlein klein,
streckt die Wurzeln unter,
reckt das Hälmchen in die Höh,
schaut hervor ganz munter.

Beide Hände in die Höhe strecken.

Immer höher wächst es nun,
Sonnenstrahlen glühen,
bis die Ähren eines Tages
wundervoll erblühen.

Die Hände noch höher strecken.
Beide Hände zu einer Blüte öffnen.

Lieder und Spiele

Die Mühle, die braucht Wind

Volksgut

Die Müh - le, die braucht Wind, Wind, Wind, sonst

läuft sie nicht geschwind, geschwind. Die Müh - le, die braucht

Wind, Wind, Wind, sonst läuft sie nicht ge - schwind.

Die Natur – hier der Wind – hilft dabei, das geerntete Getreide zu Mehl zu verarbeiten. Heute trifft man Wind- und Wassermühlen nur noch selten an. Elektrisch betriebene Mahlwerke haben ihre Aufgaben übernommen.

Knisper-, Knusper-, Knäckebrot

T: Rolf Krenzer
M: Siegfried Fietz

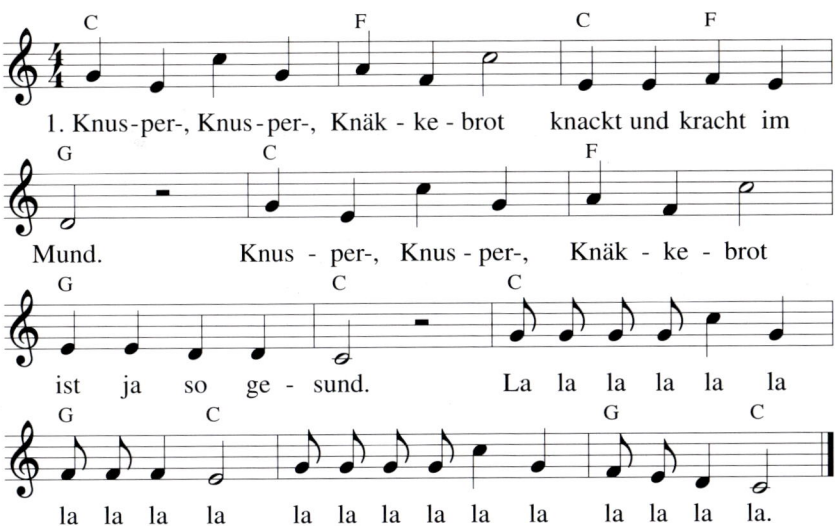

1. Knus-per-, Knus-per-, Knäk-ke-brot knackt und kracht im Mund. Knus-per-, Knus-per-, Knäk-ke-brot ist ja so ge-sund. La la la la la la la la la la la la la la la la la la la la la.

2. Etwas Butter, etwas Salz
oder auch Gelee.
Knisper-, Knusper-, Knäckebrot
schmeckt zu Milch und Tee.

4. Knisper-, Knusper-, Knäckebrot, ·
keiner leidet Not.
Dank für Butter, Milch und Brot.
Danke, guter Gott!

3. Herrlich kracht's am Frühstückstisch.
Klaus schafft sieben Stück.
Knisper-, Knusper-, Knäckebrot
ist ein Stückchen Glück.

Das Erntedankfest ist eine schöne Möglichkeit, den Kindern die vielen verschiedenen Brotsorten vorzustellen. Knäckebrot ist nur eines von vielen.

Aus: MC »Kinder auf dem Erdenstern«. © Abakus Schallplatten & Ulmtal-Musikverlag, Greifenstein

Sag uns, Herr Bäcker

T: Rolf Krenzer
M: Ludger Edelkötter

Sag uns, Herr Bäk - ker, wo - her kommt dein Brot?

Sag uns, Herr Bäk - ker, wo - her kommt dein Brot? Ich

ha - be, ich ha - be das Brot aus Mehl ge-macht. Der

Mül - ler, der Mül - ler hat mir das Mehl ge-bracht.

Schon Kindergarten-kinder können kleine Rollen übernehmen und haben viel Freude an solchen Darstel-lungsspielen. Mit etwa drei Jahren entwickelt sich die Fähigkeit, mit anderen zu spielen, ver-schiedene Rollen einzu-nehmen und sich auf-einander einzulassen.

2. Sag uns, Herr Müller,
woher kommt dein Mehl?
Der Bauer, der Bauer,
hat mir das Korn gebracht.
Aus Körnern, aus Körnern,
hab ich das Mehl gemacht.

3. Sag uns, Herr Bauer,
woher kommt dein Korn?
Die Körner, die Körner,
die hab ich ausgesät.
im Frühjahr, im Frühjahr,
damit die Saat aufgeht.

4. Hier ist das Brot!
Kommt herbei und greift zu!
Hier ist das Brot!
Kommt herbei und greift zu!
Wir essen, wir essen,
wir essen uns satt.
Und danken und teilen,
dass jeder etwas hat.

Aus: MC »Du, ich geh einfach auf dich zu«.
© Impulse-Musikverlag, Drensteinfurt

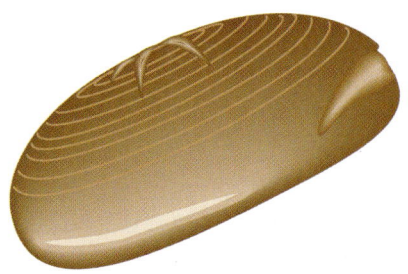

So wird gespielt

Organisation: Kreis

Material: Bäckermütze, Körbchen mit Brot;
weiße Jacke, größerer Leinensack (Mehlsack);
Arbeitsjacke, Schale

1. Strophe: Ein Kind betritt als Bäcker den Kreis.

2. Strophe: Nun kommt ein zweites Kind, der Müller, hinzu. Es schleppt einen Sack und stellt ihn neben sich ab. Zwei weitere Kinder spielen die Mühle. Sie stellen sich hinter den Müller, so dass ihre ausgebreiteten Arme die vier Windmühlenflügel symbolisieren.

3. Strophe: Ein weiteres Kind betritt mit Arbeitsjacke und Schale, in der die Körner sein sollen, den Kreis. Es sät zum Lied die Körner aus.

4. Strophe: Bäcker, Müller und Bauer gehen umher und verteilen das Brot, das aus dem Mehl des Müllers gebacken wurde und das von den Körnern stammt, die der Bauer im Frühjahr ausgesät hat.

»Sag uns, Herr Bäcker« kann auch als eine Art Wechsellied gespielt werden. Eine Gruppe fragt, die andere antwortet. Dazu kann das, was Bauer, Müller und Bäcker tun, pantomimisch (ohne Worte) von einem einzigen Spieler oder aber auch von allen dargestellt werden.

Ich trage einen langen Halm

Volksgut

Ich tra-ge ei-mem lan-gen Halm in der Hand. Er wuchs in vie-len Wo-chen auf dem Land.

2. Ganz oben steht die Ähre
voll und schwer;
sie hat gar viele Körnlein,
seht nur her!

3. Ich tanze mit der Ähre
froh im Kreis,
und danke heut dem Bauersmann
für Müh und Fleiß.

4. Ich danke auch der Sonne
für ihr Licht,
denn ohne Sonn und Regen
gedeiht die Ernte nicht.

5. Auch dem, der alles wachsen ließ,
dank ich heut.
Der Maus und Vogel nicht vergisst
und mich – und alle Leut.

So wird gespielt

Organisation: Kreis

Material: Je Kind eine Ähre

1. Strophe: Die Kinder gehen mit der Ähre in der Hand hintereinander im Kreis.

2. Strophe: Alle drehen sich zur Kreismitte, gehen in die Mitte und heben die Ähren hoch, dann gehen sie wieder nach außen.

3. Strophe, 1. Teil: Die Kinder stellen sich zu Paaren gegenüber und drehen sich um sich selbst.

3. Strophe, 2. Teil: Die Kinder verbeugen sich voreinander.

4. Strophe: Die Kinder fassen sich an den Händen und kehren in die Kreisaufstellung zurück. Aufpassen, dass dabei die Ähren nicht abbrechen, und dass sich alle vorsichtig am Handgelenk fassen!

5. Strophe: Die Kinder bleiben stehen, lösen die Hände und drehen sich nach außen. Am Ende der Strophe gehen sie zu den Menschen, die ihnen zugeschaut haben, und verschenken ihre Ähren.

Viel Spaß bereitet es den Kindern, wenn die Erwachsenen bei solchen Spiel- und Tanzliedern mitmachen.

Was man aus Mehl alles machen kann

Spielort: Überall

Sozialform: Offene Gruppe

Organisation: Kreis

Bei diesem Spiel dürfen die Köpfe ein wenig »rauchen«, denn dieses Spiel funktioniert wie das bekannte Kofferpacken. Alle Mitspieler sitzen im Kreis. Der erste sagt: »Aus Mehl kann man Kuchen machen.« Der nächste denkt sich noch etwas aus: »Aus Mehl kann man Kuchen und Brötchen machen.«
Der dritte: »Aus Mehl kann man Kuchen, Brötchen und Pfannkuchen machen.«
Die Reihe, die sich jeder Spieler merken muss, wird immer länger. Irgendwann vergisst der erste etwas oder sagt eine falsche Speise. Er muss dann ein Pfand abgeben. Fällt beim besten Willen niemandem mehr ein Mehlgericht ein, und haben sich auch genug Pfänder eingefunden, kann mit dem Pfänderauslösen begonnen werden.

Hinweis: Bei Gesellschaftsspielen fällt die Entscheidung, ob man als Erwachsener mitspielt, nicht immer leicht. Einerseits möchte man den Kindern nicht das Gefühl geben, sie zu kontrollieren, andererseits ist aber häufig ein Spielleiter nötig. Sprechen Sie sich mit den Kindern ab; sie sagen meist sehr offen, ob sie Erwachsene dabei haben möchten oder nicht.

Religiöse Erziehung

Brot in deiner Hand

Das Brot miteinander teilen, ein in jeder Messe sich stets wiederholendes Ritual, beinhaltet sehr viel mehr als der bloße Vorgang des Brotbrechens vermuten lässt. Diese Vorlesegeschichte soll den kleinen Zuhörern die Bedeutung näher bringen.

▶ An der Jakoberstraße in Paris liegt ein Bäckerladen; da kaufen viele hundert Menschen ihr Brot. Der Besitzer ist ein guter Bäcker. Aber nicht nur deshalb kaufen die Leute des Viertels dort gern ihr Brot. Noch mehr zieht sie der alte Bäcker an: der Vater des jungen Bäckers. Meistens ist nämlich der alte Bäcker im Laden und verkauft. Dieser alte Bäcker ist ein spaßiger Kerl. Manche sagen: Er hat einen Tick. Aber nur manche; die meisten sagen: Er ist sehr weise, er ist menschenfreundlich. Einige sagen sogar: Er ist ein Prophet. Aber als ihm das erzählt wurde, knurrte er vor sich hin: »Dummerei ...«

Der alte Bäcker weiß, dass man das Brot nicht nur zum Sattessen brauchen kann, und gerade das gefällt den Leuten. Manche erfahren das erst beim Bäcker an der Jakoberstraße, zum Beispiel der Autobusfahrer Gerard, der einmal zufällig in den Brotladen an der Jakoberstraße kam.

»Sie sehen bedrückt aus«, sagte der alte Bäcker zum Omnibusfahrer.

»Ich habe Angst um meine kleine Tochter«, antwortete der Busfahrer Gerard. »Sie ist gestern aus dem Fenster gefallen, vom zweiten Stock.«

»Wie alt?«, fragte der alte Bäcker. »Vier Jahre«, antwortete Gerard.

Da nahm der alte Bäcker ein Stück vom Brot, das auf dem Ladentisch lag, brach zwei Bissen ab und gab das eine Stück dem Busfahrer Gerard. »Essen Sie mit mir«, sagte der alte Bäcker Gerard, »ich will an Sie und Ihre kleine Tochter denken.«

Der Busfahrer Gerard hatte so etwas noch nie erlebt, aber er verstand sofort, was der alte Bäcker meinte, als er ihm das Brot in die Hände gab. Und sie aßen beide ihr Brotstück und schwiegen und dachten an das Kind im Krankenhaus. Zuerst war der Busfahrer Gerard mit dem alten Bäcker allein. Dann kam eine Frau herein. Sie hatte auf dem nahen Markt zwei Tüten Milch geholt und wollte nun eben noch Brot kaufen. Bevor sie ihren Wunsch sagen konnte, gab ihr der alte Bäcker ein kleines Stück Weißbrot in die Hand und sagte: »Kommen Sie, essen Sie mit uns. Die Tochter dieses Herrn liegt

Vorlesetext

Schon seit alters wird der gemeinsamen Mahlzeit besondere Bedeutung zugemessen. Bei vielen Völkern war und ist es auch heute noch Sitte, den Fremden zu einem Essen einzuladen. Man teilt das Brot miteinander, um dem Gast einerseits die ihm gebührende Wertschätzung zu erweisen und ihm andererseits aber auch seine freundliche Gesinnung zu vermitteln.

schwer verletzt im Krankenhaus – sie ist aus dem Fenster gestürzt. Vier Jahre ist das Kind. Der Vater soll wissen, dass wir ihn nicht allein lassen.«

Und die Frau nahm das Stückchen Brot und aß mit den beiden.

So war das oft in dem Brotladen, in dem der alte Bäcker die Kunden bediente. Aber es passierte auch anderes, über das sich die Leute noch mehr wunderten. Da gab es zum Beispiel einmal die Geschichte mit Gaston:

An einem frühen Morgen wurde die Ladentüre aufgerissen und ein großer Kerl stürzte herein. Er lief vor jemanden fort; das sah man sofort. Und da kam ihm der offene Bäckerladen gerade recht. Er stürzte also herein, schlug die Tür hastig hinter sich zu und schob von innen den Riegel vor.

»Was tun denn Sie da?«, fragte der alte Bäcker. »Die Kunden wollen zu mir herein, um Brot zu kaufen. Machen Sie die Tür sofort wieder auf.«

Der junge Mann war ganz außer Atem. Und da erschien vor dem Laden auch schon ein Mann wie ein Schwergewichtsboxer, in der Hand eine Eisenstange. Als er im Laden den jungen Kerl sah, wollte er auch hinein. Aber die Tür war verriegelt.

»Er will mich erschlagen«, keuchte der junge Mann.

»Wer? Der?«, fragte der Bäcker.

»Mein Vater«, schrie der Junge, und er zitterte am ganzen Leibe. »Er will mich erschlagen. Er ist jähzornig. Er ist auf neunzig!«

»Das lass mich machen«, antwortete der alte Bäcker, ging zur Tür, schob den Riegel zurück und rief dem schweren Mann zu: »Guten Morgen, Gaston! Am frühen Morgen regst du dich schon so auf? Das ist ungesund. So kannst du nicht lange leben. Komm herein, Gaston. Aber benimm dich. Lass den Jungen in Ruh! In meinem Laden wird kein Mensch umgebracht.«

Der Mann mit der Eisenstange trat ein. Seinen Sohn schaute er nicht an. Er war viel zu erregt, um dem Bäcker antworten zu können. Er wischte sich mit der Hand über die feuchte Stirn und schloss die Augen. Da hörte er den Bäcker sagen: »Komm, Gaston, iss ein Stück Brot; das beruhigt. Und iss es zusammen mit deinem Sohn; das versöhnt. Ich will auch ein Stück Brot essen, um euch bei der Versöhnung zu helfen.« Dabei gab er jedem ein Stück Weißbrot. Und Gaston nahm das Brot, auch sein Sohn nahm das Brot.

Und als sie das Brot gegessen hatten, sagte Gaston:

»Komm, Junge, wir müssen an die Arbeit.« ◄

Aus: Heinrich A. Mertens, »Brot in deiner Hand«. © Verlag J. Pfeiffer, München

> **Das Brot miteinander zu brechen ist ein altes Ritual, welches die christliche Kirche in ihre Messfeierlichkeiten übernommen hat. Brot, das gebrochen wird, schafft Gemeinschaft, schenkt Vertrauen und schließt Frieden.**

Das Erntewunder

Diese Geschichte soll den Kindern zum einen die Arbeit des Bauern auf dem Feld – die Aussaat, das Pflegen, die Ernte – nahe bringen und anschaulich darstellen. Zum anderen lernen die Kinder Jesus einmal von einer anderen Seite kennen – auch er war einmal ein Kind in ihrem Alter, und trotzdem konnte er schon Wunder vollbringen.

Vorlesetext

▶ Jesus war acht Jahre alt geworden, da nahm ihn Josef mit zur Feldarbeit. Damals hatten alle Leute noch ihr eigenes Stück Land, das sie mit Korn und allerlei Feldfrüchten bebauten. Es war zur Saatzeit. Josef band sich den mit Saatkorn gefüllten Sack vor den Leib, schritt die Furchen entlang und warf mit kräftig schwingender Hand das Korn ins Feld.

Da bat ihn das Kind, das hinter ihm drein lief und mit leeren Händen Körnerwerfen spielte, er möge ihm doch auch ein Stück Land überlassen und das nötige Saatkorn dazu. Gern entsprach Josef der Bitte, zeigte ihm ein kleines Eckchen am Feldrain, nicht viel größer als ein Maulwurfshügel, und gab ihm ein Samenkorn ins Händchen: »Kleine Leute haben auch kleine Felder!«, sagte er, »und nun geh und säe!«

Geschichten wie das »Erntewunder« erlauben den Kindern, Jesus auch einmal als eine Person zu erleben, die genau wie sie selbst ein Kind gewesen ist.

Wogende Kornfelder im Sommerwind: Manche Kinder von heute wissen bei diesem Anblick nicht einmal, dass hier auch ihr tägliches Brot heranreift.

Texte können durch Malen, Spielen und Singen erarbeitet werden. Das »Erntewunder«, die Geschichte vom Säen, Wachsen, Reifen, Ernten, Danken und Teilen eignet sich daher auch gut als Rollenspiel. Einige Kinder spielen die Situationen nach, die der Erzähler vorliest.

Und Jesus band sein Schürzchen mit den Zipfeln hoch, dass es einen Sack bildete, wie ihn Josef trug, und darein legte er behutsam sein einziges Samenkorn. Dann stach er mit dem Spaten eine Furche in sein winziges Feld, griff in den Sack und warf mit weit ausholendem Arm Handvoll um Handvoll in seine Ackerfurche und hatte doch nur ein Weizenkorn in seinem Sack. Als er aber fertig war, wischte er sich über die Stirn, wie er es von den schwitzenden Knechten gesehen hatte.

Es war Erntezeit geworden. Jesus erhielt eine kleine Sichel und durfte mit zum Kornschnitt. Erst wetzte er mit dem Stein das Werkzeug scharf, dann säbelte er sorgfältig seine Halme ab, band sie und lud die gebundenen Garben auf sein Ziehwägelchen, spannte sich selbst davor, schrie hü! und hott! und fuhr heim auf die Tenne.

Aber er konnte nicht selber dreschen, denn dazu fehlte es ihm doch an Kraft, und gar leicht wäre ihm vielleicht der schwere Dreschflegel an den Kopf gesprungen. So besorgte Josef, als er nach Hause kam, für ihn den Drusch.

Und, oh Wunder Gottes! Aus den Garben sprangen die Körner in nimmer endendem Fluss. Goldgelbe Flut strömte durch die Scheune, über die Tenne, und umwallte die Dreschenden fast bis zu den Knien.

Als man mit der Drescharbeit fertig war und das Korn in die Säcke füllte, da waren es gezählte hundert Scheffel, die Jesus aus seinem einzigen Saatkorn geerntet hatte.

Da rief er alle Armen von Nazareth in die Scheune, dass sie Säcke und Körbe und Scheffel mitbrächten, und verteilte den gewonnenen Weizen unter ihnen. Und die Kunde vom Erntewunder lief als ein Gotteslob von Mund zu Mund. ◄

(Nach den Apopkryphen)

Gebete zum Dank für reiche Ernte und täglich Brot

Erde, die uns dies Brot gebracht,
Sonne, die es reif gemacht,
liebe Sonne, liebe Erde
euer nie vergessen werde.
Brot wegwerfen das ist Sünde,
selbst die allerkleinste Rinde,
darfst du achtlos nicht zertreten,
denn wir beten, lieber Gott,
gib uns täglich Brot.

Aus Körnern mahlt der Müller Mehl,
der Bäcker backt das Brot.
Gutes Brot!
Feines Brot!
Schwarzes Brot!
Weißes Brot!
Brezeln, Semmeln, Kuchen.
Wer Brot hat, leidet keine Not.
Wer Brot hat, der kann leben.
Guter Gott, wir danken dir für Brot!

Alles lebt von deinen Gaben,
Vater, was wir sind und haben,
alles Gute kommt von dir,
alles Gute kommt von dir.

Deiner Kinder Augen schauen
zu dir, Vater, voll Vertrauen;
ja, du hilfst uns jeden Tag,
ja, du hilfst uns jeden Tag.

Du hast uns noch nie vergessen,
gib auch heute uns zu essen,
segne, Vater, was du gibst,
segne, Vater was du gibst.

Kennen Sie noch weitere Gebete? »Erfinden« Sie sie mit den Kindern gemeinsam – es gibt sicherlich noch vieles mehr, wofür die Kinder gerne »Danke« sagen möchten.

Lieder und Spiele

Ein Korn für dich

T: Rolf Krenzer
M: Peter Janssens

Zu einem Familien- oder Kindergottes-dienst gehören auch Lieder. Diese einfachen Lieder, von der ganzen Gruppe eingeübt, kön-nen von den etwas älteren Kinder, die schon ein Instrument spielen, begleitet werden.

1. Ein Korn für dich und ein Korn für mich
   Korn für dich und ein Korn für mich,
   schenkt uns un-se-re Er-de; ein Brot für
   dan-ke für die-se Ga-ben; ein Brot für
   dich und ein Brot für mich, dass man satt da-von
   dich und ein Brot für mich, dass wir zu es-sen
   wer-de. 2. Ein
   ha-ben.
   Wenn ich gros-sen
   Hun-ger hab', gibst du mir von dir was ab?

3. Ein Korn für dich
   und ein Korn für mich,
   danke für diese Gaben;
   ein Brot für dich
   und ein Brot für mich,
   dass wir zu essen haben.

Aus: »Josef zwischen Wohlstaat und Armewelt«. © Peter Janssens Musik Verlag, Teltge

Seht, was wir geerntet haben

T: **Rolf Krenzer**
M: **Volksweise**

Seht, was wir ge-ern-tet ha-ben! Gott, wir
dan-ken dir da-für. Und wir brin-gen dei-ne
Ga-ben. Al-les ha-ben wir von dir. Und wir dir.

»Seht, was wir geerntet haben« lässt sich beliebig erweitern und mit etwas älteren Kindern sogar als Rollenspiel mit Kanon spielen und singen. Hierzu kann die Gruppe neue Zwischentexte erarbeiten, die von den Einzelspielern gesungen und gespielt werden, worauf die gesamte Gruppe mit dem Kanon »Seht, was wir geerntet haben! Gott, wir danken dir ...« antwortet.

So wird gespielt

Ort:	Kirchenraum
Organisation:	Frei, fünf Einzelspieler, Spielleiter
Material:	Gurke, Apfel, Pflaumen, Birnen, Kartoffeln ...

Alle singen: Seht, was wir geerntet haben!
Gott, wir danken dir dafür.
Und wir bringen deine Gaben.
Alles haben wir von dir.

1. Spieler: Ich bringe eine Gurke.
Ich esse gerne Gurkensalat.
Alle singen: Seht, was wir geerntet haben ...

2. Spieler: Das ist ein Apfel.
Aus Äpfeln gibt es Apfelsaft.
Alle singen: Seht, was wir geerntet haben ...

3. Spieler: Ich bringe Pflaumen.
Morgen backen wir einen Pflaumenkuchen.
Alle singen: Seht, was wir geerntet haben ...

4. Spieler: Zwei dicke Birnen.
Ich habe sie selbst gepflückt!
Alle singen: Seht, was wir geerntet haben ...

5. Spieler: Kartoffeln für Kartoffelbrei und Pommes frites.
Alle singen: Seht, was wir geerntet haben ...

Als Begleitung eignen sich alle denkbaren Rhythmus- und Melodieinstrumente.

Wenn alle Spieler ihre Gaben zum Altar gebracht haben, tritt der Spielleiter vor die Gruppe.

Spielleiter: Kommt heran, kommt heran.
Schaut die vielen Früchte an.
Reichlich ist der Tisch gedeckt.
Nehmt, damit es allen schmeckt!

Er teilt und schneidet die Früchte und gibt jedem etwas. Das Austeilen der Früchte geht über die Spieler hinaus und bezieht alle, die sich im Raum befinden, mit ein. Jeder darf von den Früchten probieren. Wenn alle etwas erhalten haben, wird das Lied noch einmal gemeinsam gesungen.

»Seht, was wir geerntet haben...«. Spielerisch lernen die Kinder den Ursprung von Brot, Früchten und Gemüse kennen.

Ein Erntedanklied als Tanzlied

Volksweise

1. Schritt vor Schritt, tanz doch mit! Kommt – wir
   Schritt vor Schritt, zieh doch mit! Al - le

rei - chen uns die Hän - de.
tan - zen rund - he - rum!

Nach der Melodie des bekannten französischen Liedes »Sur le Pont d' Avignon« wird dieses Spiel- und Tanzlied gesungen.

2. Dankt dem Herrn,
   dankt dem Herrn
   für die Ernte in den Scheunen!
   Preist den Herrn,
   preist den Herrn,
   ihm sei Ehre, Lob und Dank!

4. Bringt nun her
   Gaben schwer,
   lasst uns Brot und Früchte teilen!
   Bringt nun her
   Gaben schwer,
   deine Ernte segne, Herr!

3. Singt dem Herrn,
   singt dem Herrn,
   er ließ Korn und Früchte reifen!
   Singt dem Herrn,
   singt dem Herrn,
   ihm, dem Schöpfer unserer Welt!

So wird das Erntedanklied getanzt

1. Strophe: Die Kinder bilden einen Kreis und gehen im Seitwärtsschritt rechts herum im Kreis.

2. Strophe: Vom Kreis aus gemeinsam in die Mitte gehen, dabei die Arme als Zeichen zum Dank für die Ernte heben. Die Arme wieder senken und zurück zum großen Kreis gehen.

3. Strophe: Vom großen Kreis wieder zur Mitte gehen und dort pantomimisch Korn und Früchte ablegen.

4. Strophe: Korn und Früchte wieder aufheben, mit dem Gesicht nach außen drehen und zum Kreis zurück in kleinen Schritten. Dann die Ernte pantomimisch verteilen.

Ein kleines Spiel zum Erntedankfest

Eine besondere Note erfährt das »kleine Spiel zum Erntedankfest«, wenn eine weitere Kindergruppe das Spiel mit Musik begleitet.

Ort:	Altarraum
Organisation:	Kreis, vier oder mehr Einzelspieler
Material:	Kornähren, Gerste, Hafer, Roggen, verschiedene Früchte ... Alles, was im Text genannt wird

Für dieses Sprechspiel werden mindestens vier mutige Kinder benötigt, die in der Lage sind, alleine einen Text aufzusagen. Die restlichen Kinder sitzen oder stehen im Kreis um diese vier Kinder.

Die von den vier im Kreis stehenden Kindern aufgezählten Nahrungsmittel können entweder von weiteren Kindern zum Altar getragen oder während des Aufsagens von ihnen selbst dort hingebracht und dann auf dem Altar abgelegt werden.

> **Alle:** Das Kornfeld ist nun abgemäht,
> wir bringen die Ähren, kommt und seht.
> Gott hat die Ernte wohl bestellt,
> wir tragen die Garben her vom Feld.

> **Erstes Kind:** Dort, wo die gute Gerste steht,
> ihr weißer Bart im Winde weht.
> Ich bringe die Gerste, schaut sie an,
> die Mutter daraus Grütze kochen kann.

> **Alle:** Wir danken dir, Herr, für alle Gaben,
> die wir von dir empfangen haben.

Zweites Kind: Dort, wo die Haferhalme stehn,
viele kleine Glöckchen im Winde wehn.
Ich trage den Hafer, den guten, herbei,
er schenkt seine Kraft uns täglich neu.

Alle: Wir danken, Herr, für alle Gaben,
die wir von dir empfangen haben.

Drittes Kind: Dort, wo die Roggenähren stehn,
viele schlanke Halme im Winde wehn.
Aus Roggen backt der Bäcker uns Brot,
und haben wir dieses, so gibt's keine Not.

Alle: Wir danken dir, Herr, für alle Gaben,
die wir von dir empfangen haben.

Viertes Kind: Dort, wo die Weizenähren stehn,
viele goldgelbe Körner im Winde wehn.
Die Mutter backt uns Brötchen daraus und Kuchen,
die wollen wir alle bald versuchen.

Alle: Wir brachten die Ähren her vom Feld
Gott hat die Ernte wohl bestellt.
Wir wollen ihm singen und danken.

Zu erweitern um alle denkbaren Nahrungsmittel.

Gestalten Sie den Gottesdienst aktiv mit. Gerade das Erntedankfest ist für einen Gottesdienst in der freien Natur wie geschaffen.

Das Gleichnis vom Weizen – oder: Ein Grund zur Freude

Das folgende etwas umgeschriebene Gleichnis vom Weizen (Grundlage aus der Bibel) eignet sich gut als gespielte Geschichte, aber auch als Katechese für einen Gottesdienst. Katechese heißt, dass Lesung, Evangelium und Predigt zusammengefasst sind. Einzelne Textpassagen kann man mit Musik begleiten.

Organisation: Einen Vorleser, Kinder als Darsteller: Jesus, drei bis vier seiner Freunde, einen Bauern, viele andere Menschen (beliebig viele Kinder)

39

Material: Handtrommel, Metallophon, Holzröhrentrommel, Glockenspiel, Rassel, Triangel, Xylophon

Ein Kind spielt auf der Handtrommel.

Jesus verlässt das Haus, in dem er wohnt. Ein paar Freunde begleiten ihn.
Auch viele andere Menschen schließen sich ihnen an: darunter Mütter mit
ihren Kindern, Alte, Kranke und Behinderte. Andere würden auch gerne mit
Jesus gehen. Aber sie können nicht weg von ihrer Arbeit.

Vor der Stadt setzt sich Jesus an den Rand eines Ackers. Seine Begleiter set-
zen sich im Kreis um ihn herum.

Über den Acker schreitet langsam ein Bauer. An einem Gurt, den er über der
Achsel trägt, hat er einen Sack voll Weizenkörner gebunden. Wenn er mit
dem linken Fuß vorangeht, greift er in den Sack und nimmt eine Handvoll
Körner heraus. Wenn er mit dem rechten Fuß weitermarschiert, wirft er die
Körner mit Schwung in die Furchen des Ackers. In den Hecken am Rand des
Ackers zwitschert eine Schar Spatzen.

Eine Frau sagt zu Jesus: »Du sagst, das Reich Gottes sei ganz nah. Trotzdem
sind viele Menschen mutlos und traurig. Warum haben sie so wenig Gottver-
trauen?«

Jesus schaut sich um. Er zeigt mit der Hand auf den Bauern, der über den
Acker geht und sät.

»Ich will es dir mit einer Geschichte erklären«, sagt er.

Ein Kind spielt auf dem Metallophon ein Glissando.

»Ein Bauer geht auf sein Feld. Er sät. Genau wie dieser Bauer hier. Durch den
Acker führen ein paar festgetretene Trampelpfade. Die Körner, die auf diese
Wege fallen, werden bald von den Stiefeln der Menschen und den Hufen der
Esel zerquetscht.«

Ein Kind spielt auf der Handtrommel.

»Da kommen Spatzen geflattert und picken die Überreste auf.«

Ein Kind spielt mit der Holzröhrentrommel.

»Andere Körner fallen auf einen unfruchtbaren Teil des Ackers. Dort liegen
gleich unter der dünnen Erdschicht Felsen.«

Ein Kind spielt mit der Rassel.

»Die Erdschicht trocknet rasch aus. Zwar schießen ein paar Halme aus dem
Boden. Aber weil sie wegen des Gesteins nur kurze Wurzeln haben, verdorren
sie in der glühenden Sonne.«

Ein Kind spielt die Triangel.

»Am Rand des Ackers befindet sich zudem ein Dornengestrüpp. Auch dorthin

Die die Geschichte
begleitenden Klänge
sind keine fertigen
Melodien, sondern viel-
mehr Klangelemente
und -experimente, die
durch gemeinsames
Üben entstehen und
dann entsprechend ein-
gesetzt werden.

40

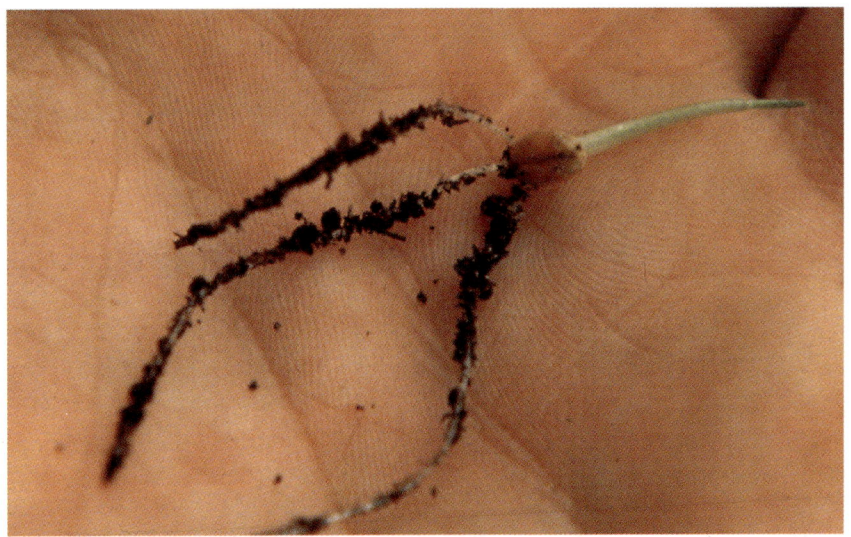

Ein Keimling – gerade erst hat er die schützende Hülle des Samenkorns verlassen und strebt nun der Sonne entgegen. Zur Erntezeit wird er zur stattlichen Pflanze herangewachsen sein.

fallen Körner. Die Dornen aber wuchern und ersticken die zarten keimenden Weizenhalme.«

Ein Kind spielt das Xylophon – einmal die Töne C, E, G, H. Dann im Doppelschlag – C + E, E + G, G + H, auf- und abwärts.

»So verdirbt ein großer Teil des Saatgutes und bringt keine Frucht. Aber eine Menge der Körner fällt dennoch auf guten Boden. Sie wachsen und wachsen und wachsen.«

Ein Kind spielt ein Glissando auf dem Glockenspiel.

»Und wenn der Tag der Ernte kommt, tragen sie reichlich Frucht. Einige unter ihnen tragen an einer einzigen Ähre bis zu hundert Körner.«

Als Jesus die Geschichte beendet hat, macht er eine Pause, schaut die Frauen, Männer und Kinder, die um ihn herum sitzen, an und sagt dann:

»Seht, so ist es mit der frohen Botschaft, die ich euch bringe. Es gibt Menschen, die kein Vertrauen zu mir und zu meinem himmlischen Vater haben. Sie sind mutlos und ohne Freude. Sie sind wie die Körner, die nicht aufgehen. Aber es gibt auch viele, die Vertrauen haben. Sie sind wie die Körner, die auf guten Boden fallen. Ihr Mut, ihre Zuversicht und ihre Hoffnung tragen Frucht und bringen Sonne und Wärme in die Welt. Das sind diejenigen, die das Reich Gottes sehen.«

Das Gleichnis wurde aufgeschrieben von Werner Laubi und Jenny Dalenoord. Die Vertonung ist von Christine Schöner und Stefanie Lammer.

Gott sät seinen Samen aus. Gottes Wort ist wie ein Samenkorn. Ob es aber zur Entfaltung kommt, liegt an den Menschen selbst.

41

Apfelerntedank

Zur Einstimmung

Bäume sind ein Symbol für das Leben. Oft liefern sie uns Früchte, die wir uns aus unserem Leben gar nicht mehr wegdenken können. Um einen Baum einmal genauer zu beobachten und kennen zu lernen, ist der heimische Apfelbaum ein gutes Beispiel .

Äpfel werden heute in vielen Sorten angeboten. Kaufen können wir sie beim Bauern, auf dem Wochenmarkt oder im Supermarkt. Wir tragen sie in Tüten nach Hause: grüne, gelbe, rote Äpfel. Das bunte Angebot lässt uns oft die Herkunft, die Bedeutung und die Schönheit eines einzelnen Apfels vergessen. Im Hof eines Kindergartens standen zehn Apfelbäume. Im Herbst, als die Äpfel reif wurden, dienten die Früchte als Fußball oder Wurfgegenstand – die Kinder gingen achtlos mit den wertvollen Nahrungsmitteln um. Dabei wird einem bewusst, dass wir unsere Kinder immer wieder auf die Wunder der Natur aufmerksam machen müssen – man muss sie nur dafür sensibilisieren. Deswegen ist es wichtig, mit den Kindern innezuhalten, und mit ihnen darüber zu sprechen, wie wertvoll diese natürlichen Gaben sind. Wir können übers ganze Jahr hinweg den Apfelbaum beobachten, seine wechselnden Farben während der verschiedenen Jahreszeiten. Seine unterschiedlichen Wachstumsphasen sind ein ideales Thema für unser Buch. Im Herbst, wenn der Baum Früchte trägt, können wir beispielsweise ein Apfelerntedankfest feiern, bei dem sich alles um den Apfel dreht.

Unter dem Baumobst nimmt der Apfel eine herausragende Stellung ein, denn er ist bei uns die am weitesten verbreitete Obstsorte. Wie lange er schon kultiviert wird, kann man nicht mehr genau nachvollziehen. Sicher ist jedoch, dass seine Heimat in Westasien liegt.

Ein Gespräch rund um den Apfel

Besorgen Sie vom Wochenmarkt möglichst viele, unterschiedliche Äpfel. Lassen Sie die Kinder die verschiedenen Formen, Größen und Farben betrachten und die Äpfel in die Hand nehmen, um die Formenvielfalt zu erfühlen. Auch daran schnuppern ist erlaubt – erstaunlich, wie unterschiedlich die Äpfel doch riechen. Gemeinsam überlegen wir in der Gruppe, was uns alles zum Thema Apfel einfällt.

Welche Farben können Äpfel haben?
Rot, Grün, Gelb, Rotgrün ...
    Kennen wir schon verschiedene Sorten?
Delicious, Boskop, Cox Orange, Morgenduft ...
    Wie schmecken Äpfel?
Süß, sauer, saftig, mehlig, knackig ...
    Wofür werden sie geerntet?
Apfelmus, Apfelsaft, Kuchen, Bratapfel ...

Wie ein Apfel entsteht

Mit Hilfe von Zeichnungen und/oder Fotos können Sie den Kindern die Entstehung eines Apfels näher bringen.
Die Blüte: Im Frühling blüht der Apfelbaum. Es präsentieren sich viele hellgrüne Blättchen, zartrosa und weiß die Blüten an den Zweigen.
Die Früchte: Nach einiger Zeit fallen die Blütenblätter ab und an der Stelle, an der die Blüten waren, bleibt nur ein Fruchtknoten zurück.
Die reifen Früchte: Die kleine Frucht beginnt zu wachsen. Das dauert ganz schön lange. Erst wenn der Apfel groß ist, im Herbst, darf man ihn pflücken und essen.

Äpfel werden spätestens seit der Mitte des letzten Jahrhunderts planmäßig gezüchtet. Jährlich entstehen neue Sorten, insgesamt soll es mittlerweile mehrere tausend geben, wovon allerdings nur etwa hundert bei uns eine Rolle spielen.

Noch glänzen die Äpfel in der goldenen Herbstsonne. Doch bald ist es soweit und kleine Kinderhände werden sie sorgsam pflücken und nach Hause tragen.

43

Der Apfel: Mitten im Apfel steckt das Kerngehäuse. Man kann es nicht mitessen. Im Kerngehäuse befinden sich die Apfelkerne, die Samen, aus denen wieder neue Apfelbäume wachsen.

Wir pflanzen einen Apfelbaum

Viel schöner ist es natürlich, wenn die Kinder das Wachsen eines Apfels direkt am Baum selbst beobachten können. Es macht viel Spaß, mit den Kindern im Kindergarten, Hort oder Heim einen eigenen Apfelbaum zu pflanzen.Vielleicht gibt es unter den Eltern jemanden, der weiß, wie man einen Baum pflanzt. Aber auch das Gartenbauamt oder die nächste Gärtnerei geben gern Auskunft, denn will man einen Baum pflanzen, muss dies sorgsam vorbereitet werden.

Am »eigenen« Baum können die Kinder dann beobachten, wie im Frühjahr die Knospen sprießen und die vielen weiß- bis blassrosafarbenen Blüten die Baumkrone übersäen, wie sich im Sommer der Baum grün einkleidet und die erst kleinen grünen Früchte zu großen dicken Äpfeln reifen. Und wie sich im Herbst die Blätter verfärben und abfallen.

Äpfel sind durch ihren hohen Vitamingehalt gesund und wohlschmeckend. Manche Apfelsorten halten sich bei sorgfältiger Lagerung bis weit ins Frühjahr. Doch am Besten schmecken sie gleich nach dem Pflücken.

Ausflüge

Apfelgärten

In vielen Landstrichen Deutschlands gibt es ausgedehnte Apfelobstgärten. Vielleicht auch in Ihrer Nähe. Ein Ausflug dorthin, am Besten gleich zwei-, dreimal im Jahr zu verschiedenen Jahreszeiten, so dass die Kinder die unterschiedlichen Wachstumsphasen erleben können, ist für alle eine große Freude. Ganz besonders natürlich, wenn bei der Apfelernte zugeschaut oder sogar mitgeholfen werden kann.

Die Äpfel, die unter den Bäumen liegen, können übrigens selbst von den Kleinsten schon gut eingesammelt werden. Aus diesen Falläpfeln lässt sich leckeres Apfelmus zubereiten.

Mosterei

Der Besuch einer Mosterei lüftet das Geheimnis, wo denn eigentlich der Apfelsaft herkommt. Selbstverständlich sollte sein, dass Sie sich mit einer größeren Gruppe besser vorher anmelden, damit der Apfelwinzer auch genügend Zeit für Sie hat.

Apfelrezepte

Apfelmus

Zutaten: 1 kg Äpfel, Saft von 1/2 Zitrone, 2 Zimtstangen, 800 ml Wasser.
Zubereitung: Für das Apfelmus die Äpfel schälen, von den Kerngehäusen befreien und in kleine Stücke schneiden.
Dann 800 ml Wasser zusammen mit dem Zitronensaft und den Zimtstangen in einem Topf zum Kochen bringen. Dic Äpfel darin in etwa 10 Minuten weich kochen. Danach die Äpfel zusammen mit dem Kochwasser in einem Mixer fein pürieren. Dieses Rezept reicht für etwa 10 Portionen.

Apfel-Nuss-Auflauf

Zutaten für 4 Personen: 400 g Äpfel, 4 EL geriebene Nüsse, 4 Eigelb, 2 EL Hafervollkornschrot, 1/2 TL Zimt, Saft von 1 Zitrone, 4 Eiweiß, 4 EL Honig, Butter zum Ausfetten.
Zubereitung: Die Äpfel waschen, vierteln, vom Kerngehäuse befreien, fein würfeln oder grob raspeln, dann mit den Nüssen, den Eigelben, dem Hafervollkornschrot, Zimt und Zitronensaft verrühren und quellen lassen.
Den Backofen auf 175 °C vorheizen. Die Eiweiße sehr steif schlagen, zum Schluss den Honig dazugeben und unter die Apfelmasse heben.
Alles in eine gefettete Auflaufform füllen und 15 bis 20 Minuten backen.

Abkürzungen
EL = Esslöffel
TL = Teelöffel
l = Liter
ml = Milliliter
g = Gramm
ca. = circa
°C = Grad Celsius

Vorlesegeschichten

Apfelernte

Eine kleine Geschichte, die vom Äpfelpflücken beim Bauern, dem Spaß, den die ganze Familie dabei hat, einem Picknick – eben von einem wunderschönen Tag – erzählt.

▶ An einem wunderschönen, blitzblanken Samstag im Herbst machten die Eltern beim Frühstück geheimnisvolle Gesichter. »Heute unternehmen wir etwas ganz Besonderes«, sagte der Vater, »aber wir verraten nichts!«
Die Kinder freuten sich, denn Vater hatte immer die tollsten Ideen. Gleich nach dem Frühstück sollte es losgehen. Die Mutter legte ihnen alte Jeans und Pullis zum Anziehen hin und Turnschuhe. Also sollte es vielleicht ein Ausflug in den Wald werden.

Vorlesetext

»Meinst du, wir gehen Pilze suchen?«, fragte Felix.

»Oder wir steigen auf einen Berg?«, rief Anne.

»Nein, das glaube ich nicht, sonst hätte uns Mutter bestimmt Bergstiefel herausgestellt und nicht Turnschuhe.«

Es wurde immer spannender, denn Vater brachte zwei große Körbe aus dem Garten und verstaute sie im Auto.

»So viele Pilze können wir doch unmöglich finden«, wunderte sich Felix. Mutter packte inzwischen ein herrliches Picknick zusammen: Brezeln, Semmeln, Wurst und Käse, Getränke und eine große Schüssel Salat.

»Es kann losgehen!«, rief der Vater und alle stiegen ins Auto. Diesmal fuhren sie nicht nach Süden in Richtung der Berge wie sonst, sondern eine den Kindern völlig unbekannte Straße nach Nordosten. Sie wurden immer verwirrter, aber die Eltern verrieten noch immer nicht, wo sie hinfuhren.

Nach einer Stunde Fahrt bog Vater in einen Feldweg ein und hielt vor einem großen Bauernhof.

»Jetzt verrate ich euch, was wir hier wollen«, sagte die Mutter. »Diese Bauern hier haben einen riesigen Obstgarten und wir dürfen heute den ganzen Tag Äpfel abpflücken.«

»Hurra«, schrien die Kinder, »das wird herrlich!«

Ein alter Mann zeigte ihnen den Weg zu einem großen Obstgarten mit vielen Apfelbäumen, die voller Äpfel hingen. Es herrschte ein fröhliches Treiben. Überall saßen Leute in den Bäumen oder sammelten unter den Bäumen die prächtigen reifen Früchte auf.

Der Bauer teilte Vater zwei Bäume zu und die Arbeit konnte beginnen.

Vater holte sich eine Leiter und stieg in den größeren der beiden Bäume. Die Kinder kletterten wie die Äffchen in dem kleineren Baum herum. Mutter gab jedem »Pflücker« eine Plastiktüte, die hängten sie an die Äste und sammelten die Äpfel hinein.

In Windeseile waren die Tüten voll und Mutter hatte alle Hände voll zu tun, die geernteten Früchte in die mitgebrachten Körbe umzufüllen.

Als die Körbe voll waren und nur noch unerreichbare Äpfel an den äußeren Ästen hingen, breitete Mutter unter dem Baum ein großes Tuch aus und packte die Picknickschätze aus. Alle waren richtig hungrig und es schmeckte herrlich hier draußen unter den Bäumen.

Zum Nachtisch gab es Äpfel, bis die Bäuche zu platzen drohten.

Zum Schluss trugen die Eltern die vollen Körbe zum Bauernhaus, vor dem eine große Waage stand. Die Äpfel wurden gewogen, und Vater bezahlte einen viel

Nach dieser Geschichte sollten Sie sich nicht wundern, wenn die Kinder darauf brennen, einen Ausflug zur nächsten Apfelernte zu unternehmen. Selbstverständlich kann das »Selberpflücken« auf Erdbeerfeldern aber gleich viel Spaß bereiten.

geringeren Preis, als die Äpfel im Supermarkt ihrer Heimatstadt gekostet hätten.

Auf dem Heimweg schlief Anne erschöpft ein und Felix sagte: »Das war wieder ein toller Samstag!« ◀

Hilde Menzel

Der letzte Apfel

Eine kurze Geschichte vom Teilen und wie man zusammen am Besten ans Ziel, nämlich an den hoch hängenden Apfel kommt.

Vorlesetext

▶ Sven und Antje spielen im Garten. Sie haben ihren großen Ball dabei und werfen ihn hin und her. Erst wirft Sven, und Antje fängt ihn auf – dann wirft Antje, und Sven fängt ihn auf. Da! Sven hat nicht aufgepasst. Der Ball kullert den Weg hinunter und bleibt unter dem Apfelbaum liegen.

»Schau«, ruft Antje, »ein Apfel hängt noch dran. Den möcht ich haben!« »Und dazu noch ein so schöner«, sagt Sven.

Beide Kinder stellen sich auf die Zehenspitzen. Aber der Ast mit dem Apfel daran ist zu hoch.

Sven versucht, den Apfelbaum zu schütteln. Doch der bewegt sich nicht. Sven hat nicht genug Kraft.

Antje schleppt eine Kiste heran und steigt darauf. Aber sie ist immer noch zu klein. Traurig stehen die Kinder da.

»Was nun?«, meint Antje.

»Ich weiß was. Wir brauchen einen Stock. Vielleicht geht es dann«, antwortet Sven.

Sie schauen sich um, richtig, am Zaun liegt ein trockener Ast. Sven holt ihn. Er reckt sich auf die Zehen. Hurra, jetzt erreicht er den Apfel. Antje hält ihre Schürze auf. Der Apfel fällt hinein. »Wir teilen uns den Apfel«, schlägt sie vor. Sie laufen in die Küche. Mutter schneidet ihn durch. Und vergnügt ziehen Sven und Antje mit je einer Hälfte ab. ◀

Verändert nach »Die letzte Birne« von Eleonor Lange aus: Volker Fritz/Rolf Krenzer: 100 einfache Texte zum Kirchenjahr, Verlag Ernst Kaufmann, Lahr und Kösel-Verlag, München

Das Teilen und Abgeben an andere ist eines der wichtigen Themen, die wir mit den Kindern beim Erntedankfest in immer wieder neuen Variationen besprechen können.

47

Gedichte, Reime, Rätsel

Gedichte über Äpfel und Birnen

Apfelbaum, Apfelbaum,
schüttle deine Äste,
lade deine Gäste.

Aua, schreit der Bauer,
die Äpfel sind sauer,
die Birnen sind süß,
und morgen gibt's Gemüs.

Wie beliebt der Apfel in unserem tagtäglichen Leben ist, zeigen die zahlreichen Verse, Reime und Rätsel, die um diese Frucht entstanden sind.

Drei Rätsel vom Apfel

Im Häuschen mit fünf Stübchen,
1-2-3-4-5,
da sitzen braune Bübchen,
ohne Schuh und Strümpf!
Nicht Tür noch Tor führt ein und aus,
wer sie besucht, der isst ihr Haus.
(Apfel)

Es sitzt ein Büblein im Baume drin,
hat rote Bäckchen und Grübchen im Kinn.
Da kommt der Wind und schaukelt's schneller.
Plumps! fällt's herab, auf deinen Teller.
(Apfel)

Ratet, Kinder, wer ich bin,
hänge hoch im Baume drin,
hab rote Bäckchen,
'nen Stiel hab ich auch
und einen dicken, runden Bauch.
(Apfel)

Fingerspiele

Fingerspiel von den Äpfeln

Der erste Apfel schläft hoch im
   Baum
und träumt einen tiefen Apfeltraum.
Den zweiten Apfel, wehe, wehe,
den packt die alte schwarze Krähe.
Den dritten Apfel, den pflückt sich
   der Klaus,
das gibt einen saftigen Apfel-
   schmaus.
Den vierten Apfel, den packt sich
   der Wind
und wirft ihn weit ins Gras
   geschwind.
Den fünften Apfel, den pflücke ich
   mir,
ich reib ihn ab und schenk ihn dir.

So wird gespielt

Die fünf Finger werden dem Text
gemäß hintereinander abgezählt.
Damit lernen die Kinder ihre eigenen
Finger kennen. Beispiel: Das ist der
Daumen – Der erste Apfel schläft
hoch ...

Mit Fingerspielen lernen die Kinder spielerisch die Bezeichnungen der Finger und deren Beweglichkeit kennen. Und welches Gedicht wird durch die pantomimische Begleitung der Finger nicht noch interessanter und lustiger?

Fünf kleine Finger

Der Baum – der kleine Daumen –
der trägt die besten Pflaumen.
Der Zeigefinger Birnen fein
für Mädchen und für Buben klein.
Der Mittlere ist der Apfelbaum,
der vierte ist ein Kirschenbaum.
Und dieses kleine Fingerlein,
das soll mein grüner Weinstock sein.

So wird gespielt

Bei beiden Fingerspielen lernen die
Kinder ihre Finger kennen. Das
heißt: die Finger werden nacheinan-
der benannt und entsprechend
gespielt.

Apfelbaum und Pflaumenbaum

So wird gespielt

Das ist ein Apfelbäumchen,
das ist ein Pflaumenbaum.
Sie hängen voller Früchte,
man sieht die Blätter kaum.

Beide Ellenbogen aufstützen, die gespreizten Finger dienen als Baumkronen.

Da kommt der Wind geblasen,
huhu, der zaust sie sehr,
hu, das ist nicht zum Spaßen,
er zaust sie immer mehr.

Blasen, dabei die Hände hin und her bewegen.

Hu, jetzt wird's immer bunter,
und holterdipolter geschwind
plumpst alles, alles herunter –
schönen Dank, lieber Blasewind!

Beim Herunterpurzeln die Finger einzeln beugen.

Im Südwest-Familien-ratgeber »Fingerspiele für Kuschelkinder« finden Sie noch viele weitere schöne Fingerspiele.

Fünf Finger

Fünf Finger stehen hier und fragen:
Wer kann wohl diesen Apfel tragen?
Der erste Finger kann es nicht
der zweite sagt: Zu viel Gewicht!
Der dritte kann ihn auch nicht heben,
der vierte schafft das nie im Leben!
Der fünfte aber spricht:
Ganz allein? So geht das nicht!
Gemeinsam heben kurz darauf
fünf Finger diesen Apfel auf.
Fünf Bäume stehn im Garten,
die will ich fleißig warten,
damit sie im Herbst –
nach sonnigen Tagen,
viele, gute Früchte tragen!

Lieder und Spiele

In einem kleinen Apfel ...

Volksweise

In— ei-nem klei-nen Ap-fel, da— sieht es lu-stig

aus; es— sind da-rin fünf Stüb-chen, grad wie in ei-nem Haus!

2. In jedem Stübchen wohnen
   zwei Kernlein – braun und klein,
   sie liegen drin und träumen
   vom lieben Sonnenschein.

3. Sie träumen auch noch weiter,
   gar einen schönen Traum,
   wie sie einst werden hängen
   am lieben Weihnachtsbaum.

Das uns allen aus unseren eigenen Kindertagen bekannte Lied passt gut, wenn wir mit den kleinen Gärtnern die Apfelkerne wie auf Seite 55 beschrieben einpflanzen. Bis aus einem Apfelkern allerdings ein Baum wird, der Früchte trägt, vergeht sehr viel Zeit. Denn in den ersten Jahren blühen die jungen Bäumchen noch nicht.

Inmitten des saftigen Fruchtfleisches ruht das Kerngehäuse. Die braunen Kerne sind die Samen. Wenn man sie in feuchte Watte legt, entwickelt sich ein zarter Keimling, aus dem in vielen Jahren ein großer Apfelbaum werden kann.

51

Der Bratapfel

T: Fritz und Emilie Kögel
M: Richard Rudolf Klein

Ihr Kin - der, kommt und ra - tet, was im O - fen bra - tet! Hört, wie es knallt und zischt! Bald wird er auf - ge - tischt,

der Zip - fel, der Zap - fel,
der Kip - fel, der Kap - fel,
der gelb - ro - te Ap - fel.

2. Ihr Kinder, laufet schneller!
   Holt euch einen Teller!
   Holt eine Gabel!
   Sperrt auf den Schnabel
   für den Zipfel, den Zapfel,
   den Kipfel, den Kapfel
   den goldbraunen Apfel.

3. Sie pusten und sie prusten,
   sie gucken und sie schlucken,
   schnalzen und schmecken,
   lecken und schlecken
   den Zipfel, den Zapfel,
   den Kipfel, den Kapfel,
   den goldbraunen Apfel.

Gefüllte gebratene Äpfel sind ein herbstliches Dessert, das fast unschlagbar ist. In Verbindung mit dem Apfelerntedankfest und dem »Bratapfel«-Lied werden die Kinder viel Freude daran haben.

Das Rezept zum Bratapfellied

Zutaten: 4 Äpfel, 2 EL gehackte Nüsse oder frisch geriebene Kokosnuss, 2 EL Rosinen, 2 EL Quark, Zimt, abgeriebene Schale einer unbehandelten Zitrone, 200 ml Apfelsaft.

Zubereitung: Die Äpfel waschen, mit einem Apfelausstecher das Kerngehäuse entfernen und die Äpfel in eine feuerfeste Form stellen. Den Backofen auf 200 °C vorheizen.

Die Nüsse, die Rosinen und den Quark miteinander mischen und mit Zimt und Zitronenschale abschmecken.

Die Masse in die Äpfel füllen. Etwa 200 ml Apfelsaft angießen und die Äpfel 15 bis 20 Minuten backen.

Tip: Die Äpfel mit einer Vanillesauce servieren.

Mitten auf der Wiese

T: u. M: Inge Lotz

Mit - ten auf der Wie - se   steht ein gros - ser Baum,

und da hän - gen Äp - fel dran, so   groß, ihr glaubt es kaum!

groß, ihr glaubt es kaum!   Ach, die   Äp - fel   hän - gen so

hoch, ich komm' ja   gar nicht dran!   Ach, was ma - che

ich denn bloß? Stell   doch die   Lei - ter   an!

Alle: Mitten auf der Wiese
steht ein großer Baum
und da hängen Äpfel dran,
so groß, ihr glaubt es kaum!

Einer: Ach, die Äpfel hängen so
hoch,
ich komm ja gar nicht dran!
Ach, was mache ich denn
bloß?

Alle: Stell doch die Leiter an!
Klett're auf die Leiter,
klett're Schritt für Schritt.
Wenn du oben Äpfel pflückst,
bring mir auch einen mit!

Apfelbaum ist übrigens nicht gleich Apfelbaum. Je nach Bestimmung – Tafeläpfel, Koch- oder Dörräpfel oder Äpfel zur Mostgewinnung – wachsen die Früchte am Hochstamm, Halbstamm, am Buschstamm oder Spalier.

Aus: Rolf Krenzer/Inge Lotz: Hast du unsern Hund gesehen? © Verlag Ernst Kaufmann Lahr und Kösel-Verlag, München

53

So wird gespielt

Organisation: Kreis
Material: Zwei Stühle

Die Kinder fassen sich an den Händen und gehen im Kreis herum. Ein Kind steht in der Mitte auf einem Stuhl, um mit ausgestreckten Armen den Baum darzustellen. Wenn es heißt: »Stell doch die Leiter an!«, wird ein Stuhl als Leiter an den Baum gestellt. Wenn die Äpfel gepflückt sind, stellen andere Kinder im Kreis die Szene dar.

Weitere Strophen: ... da hängen Pflaumen, Kirschen, Birnen usw. dran.

Äpfel angeln

Organisation: Frei
Material: Eine mit Wasser gefüllte Wanne, mindestens so viele Äpfel wie Spieler

Für dieses Spiel legen Sie die Äpfel in die mit Wasser gefüllte Wanne.

Jedes Kind kann jetzt versuchen, mit den Zähnen einen Apfel aus der Wanne zu holen. Die Hände sind währenddessen auf dem Rücken verschränkt! Jedes Kind hat etwa 20 Sekunden Zeit. Wenn es ihm in diesem Zeitraum nicht gelingt, einen Apfel zu schnappen, kommt das nächste dran.

Zum Schluss des Spiels werden die Äpfel gemeinsam verspeist. Die Erzieherin kann dabei den Kindern erklären, dass Äpfel gesund und für die Zähne viel besser als Süßigkeiten sind.

Geben Sie Hinweise auf die Inhaltsstoffe Vitamin C, Mineralien, Ballaststoffe und Zucker oder dass Äpfel zu 85 Prozent aus Wasser bestehen. Wer täglich einen Apfel isst, schützt sich dadurch vor vielen Krankheiten.

Mit Essen soll grundsätzlich nicht »gespielt« werden. Daher achten Sie bitte darauf, dass nur solche Spiele mit Lebensmitteln durchgeführt werden, bei denen man zum Abschluss das Obst oder Gemüse noch verzehren beziehungsweise weiter verwenden kann.

Basteln und Gestalten

Eine Kette aus Apfelkernen

Wenn man schöne braune Apfelkerne sammelt, kann man daraus eine lange Apfelkette basteln:

Man nimmt einen langen dünnen Faden und reiht mit einer Nähnadel die einzelnen Kerne auf.

Dann werden die Kerne mit Klarlack bepinselt. So behalten sie für lange Zeit ihren schönen Glanz und sind ein wundervolles Schmuckstück, das sicher viel Bewunderung findet.

Es entsteht ein Apfelgärtchen

Wenn man einen Apfel isst, kann man die Kerne aufheben und in einen kleinen Blumentopf mit Erde einpflanzen.
Eine lustige Alternative ist es, die Kerne in eine Eierschale mit Erde einzupflanzen. Der eingepflanzte Kern braucht viel Feuchtigkeit, Licht und Aufmerksamkeit – so wird dann vielleicht einmal ein schöner großer Apfelbaum aus ihm.

Verschönern Sie mit den Kindern Ihr Zuhause: Mit Fingerfarben wird von allen gemeinsam ein bunter Apfelbaum an ein großes Fenster gemalt.

Religiöse Erziehung

Gebete zum Dank

Reich an Früchten ist der Herbst,
schenkt uns seine Gaben,
Äpfel, Birnen, Trauben, Nuss,
dass wir uns dran laben.
Schaut mal diesen Apfel an,
rund und reif und rot.
Lasst uns dafür DANKE sagen
unserm Herrn und Gott!

Was nah ist und was ferne,
von Gott kommt alles her,
der Strohhalm und die Sterne,
das Sandkorn und das Meer.

Von Ihm sind Büsch und Blätter
und Korn und Obst, von Ihm
das schöne Frühlingswetter
und Schnee und Ungestüm.

Alle gute Gabe kommt her
von Gott dem Herrn,
drum danket Ihm, dankt,
und hofft auf Ihn!

Matthias Claudius

55

Lieder

Gibst du mir von deinem Apfel ab?
(Lied vom Teilen)

T: **Rolf Krenzer**
M: **Peter Janssens**

Das Lied vom Teilen lässt sich beliebig erweitern. Finden Sie mit den Kindern noch weitere Dinge, die sie miteinander teilen wollen: die Limonade, das Spielzeug, die Malstifte ...

2. Gibst du mir von deinem Frühstück ab, weil ich heute nichts zu essen hab?
   Ich denke ...

3. Gibst du mir von deinem Kuchen ab, weil ich heute nichts zu essen hab?
   Ich denke ...

Aus: »Ich schenk dir einen Sonnenstrahl«. © Peter Janssens Musik Verlag, Telgte

Lied vom Hoffnungsbaum

T: Kurt Rose
M: Lele Jöcker

Kommt, wir pflan-zen den Hoff-nungs-baum!

Kommt! Kommt! Kommt! Kommt! 1. Die Wur-zeln, die

Wur-zeln, das sind Ge-dan-ken und Träu-me, die

grei-fen, die wach-sen ge-gen den Eis-sturm, die

Angst. Der Baum, der nicht bricht,

un-ter dem Gott wohnt, der Baum „Fürch-te-dich-

nicht"! Der Baum „Fürch-te-dich-nicht"!

Kein anderes Gewächs vereinigt in sich derart das Sinnbild des Lebens wie der Baum. Ein Baum kann Schutz vor Regen und Wind bieten, er liefert Früchte und aus seinem Holz werden Häuser, Möbel und vieles andere Nützliche mehr gefertigt.

2. Kommt, wir pflanzen den Hoffnungsbaum!
Kommt! Kommt! Kommt!
Die Äste, die Zweige, das sind Gespräch und Gebete –
die treiben, die steigen gegen den Wirrwind, die Angst.
Der Baum, der ...

3. Kommt, wir pflanzen den Hoffnungsbaum!
Kommt! Kommt! Kommt!
Die Blüten, die Blätter, das sind unser Lachen und Lieder –
die blühen, die grünen gegen den Nachtwind, die Angst.
Der Baum, der ...

Quelle zum »Lied vom Hoffnungsbaum«: Auf MC »Heut ist ein Tag, an dem ich singen kann«. Kinderlieder 1, MOD (Menschenkinder) Verlag, Münster/Hiltrop

Kartoffelfest

Zur Einstimmung

Die Kartoffel ist heute in Deutschland eine unserer wichtigsten Nutzpflanzen und von unserem Speiseplan kaum mehr wegzudenken. Wächst sie doch noch auf relativ kargen Böden, wo Getreide nicht mehr gedeiht. Ursprünglich stammt sie aus dem Gebirgsland von Peru in Südamerika und wurde von den Entdeckern Amerikas nach Europa gebracht. Merkwürdig für uns Menschen heute, dass die Kartoffel zunächst nur als Zierpflanze Beachtung fand.

Die Kartoffel ist ein Nachtschattengewächs, deren oberirdische kleine grüne Früchte sehr giftig sind. Als man anfangs in Europa diese Beerenfrüchte erntete und verspeiste, machte man üble Erfahrungen und verbot kurzerhand den Kartoffelanbau. Erst als man lernte, die unterirdischen Knollen zuzubereiten, gewann auch die Landbevölkerung allmählich Vertrauen zu dem seltsamen Fremdling.

Besonders aber der berühmte »Soldatenkönig« Friedrich der Große von Preußen erkannte den Nutzen dieser Pflanze und förderte intensiv den feldmäßigen Kartoffelanbau, der sich dann ab 1770 in Deutschland durchsetzte. Die nahrhafte Knolle ließ die Bevölkerung Hunger- und Notzeiten überstehen. So haben viele Menschen die beiden Weltkriege nur dank der Kartoffel überleben können.

Kartoffeln haben längst ihren Ruf als »Dickmacher« und als Arme-Leute-Essen verloren. Die leckeren Knollen gelten zu Recht als wertvolles, vitaminreiches Grundnahrungsmittel.

Eine tolle Knolle

Wie aus einer Knolle eine Kartoffelpflanze wird, ist eine spannende Geschichte. Auch wenn die oberirdische Pflanze giftig ist, kann man die Kartoffel mit Kindern pflanzen, sollte die jungen Gärtner aber unbedingt umfassend über die Gefahren aufklären.

Es bietet sich an, die Kartoffeln mit den Kindern im Garten anzupflanzen. Da die Knolle aber recht genügsam ist, reicht auch ein großer Topf. Einerseits können die Kinder so das Wachstum der Pflanze besser verfolgen und andererseits ist die Kartoffelpflanze, wenn sie blüht, recht dekorativ.

Ein Gespräch rund um die Kartoffel

Bevor Sie mit den Kindern nun aber die Kartoffeln pflanzen, überlegen erst einmal wieder alle gemeinsam, was ihnen zum Thema »Kartoffel« so alles einfällt. Das sollte nicht allzu schwer sein, zählen viele Kinder gerade Kartoffelgerichte zu ihren Lieblingsspeisen. Und wer in der Küche ein wenig aufgepasst hat, weiß viel zu erzählen.

Wo werden Kartoffeln angebaut?
Auf dem Feld, Acker.
Wie werden sie geerntet?
Ausgraben.
Was wird alles aus Kartoffeln gemacht?
Pellkartoffeln, Salzkartoffeln, Pommes frites, Kartoffelbrei, Klöße, Reibekuchen (Kartoffelpuffer), Schupfnudeln ...
Wofür werden sie noch gebraucht?
Kartoffelmehl als Bindemittel von Soßen in der Küche ...
Kartoffelschalen beispielsweise als Viehfutter.

Für den Kartoffelanbau im Garten sollten Sie Frühkartoffeln nehmen – sie bringen ansehnliche Erträge und haben einen besonders guten Geschmack. Die Saatkartoffeln lassen Sie von März bis April in einer Kiste mit Rindenhumus-Sandgemisch keimen, um sie dann im April in 15 Zentimeter Tiefe und einem Abstand von 30 bis 45 Zentimetern auszulegen.

Ein Kartoffelfeld in voller Blüte. Etwa drei Monate nach der Aussaat können die nahrhaften Knollen geerntet werden. Bald nach der Ernte schmecken sie am Besten.

Ausflüge

Beim Bauern

Wir können versuchen, dabei zu sein, wenn der Bauer die Kartoffeln »auslegt« und im Laufe der Monate immer wieder einen Spaziergang zum Kartoffelfeld unternehmen, um mit den Kindern das Wachstum der Pflanze zu beobachten.

Ist es Herbst geworden, laden Sie die Kinder mit ihren Eltern ein, um nun gemeinsam zum Bauern zu gehen. Dort werden die nun reifen Kartoffeln in der Gemeinschaft geerntet.

Haben Sie mit den Kindern im Garten ein Kartoffelbeet angelegt, dann kann die Kartoffelernte natürlich auch auf dem eigenen »Feld« veranstaltet werden. Die Freude über die eigene Ernte ist sicherlich groß.

Im Anschluss an die Arbeit, die viel Spaß machen kann – egal, ob beim Bauern oder im Kindergarten-Garten –, können Sie dann das Kartoffelfeuer (aus dem Kartoffelkraut) entzünden. Darin garen die Kartoffeln, die gereinigt und in Alufolie gewickelt wurden. Und während einer vielleicht die Geschichte vom »Kartoffelkönig« (Seite 62) erzählt, werden die fertig gegarten Kartoffeln aus dem Feuer geholt, aufgeteilt und gegessen.

Kartoffelrezepte

Kinder essen die Knollen meistens sehr gerne. Hier ein paar einfache wie auch schmackhafte Zubereitungstips:

Pommes frites einmal anders

Zutaten: Kartoffeln, Ausstechförmchen aus Metall, Friteuse oder Backofen, Fett, z. B. Palmin oder Butterschmalz.

Zubereitung: Nach dem Schälen die Kartoffeln in dünne Scheiben schneiden und diese auf ein Holzbrett legen. Nun geben wir mit Ausstechförmchen (Tiere, Sonne und Sterne, Herzen etc.) den »Pommes frites« einmal ein ganz anderes Aussehen. Die ausgestochenen Kartoffeln waschen und auf einem Tuch gut abtropfen lassen. Sie müssen vor dem Fritieren ganz trocken sein, sonst spritzt das Fett zu sehr. Anschließend werden die Pommes frites entweder in einer Friteuse oder im Backofen auf einem mit Backpapier ausgelegten Blech wie gewohnt goldgelb gebacken.

Vielfältig sind Farben, Formen und Geschmacksvarianten der Kartoffeln – je nachdem, unter welchen klimatischen Bedingungen und in welchem Boden sie herangewachsen sind.

Folienkartoffeln

Folienkartoffeln aus dem Lagerfeuer oder auch vom Grill bringen Spannung, ein wenig Abenteuergefühl und großen Appetit.

Wenn Sie die Kartoffeln vorher als Pellkartoffeln vorkochen, verkürzt sich die Zeit im Feuer und die Kinder müssen nicht ganz so lange auf ihre Kartoffeln warten.

Kartoffelsuppe »Erntedank«

Zutaten: 6 große Kartoffeln, 4 Möhren, 1 Stange Lauch, 1 kleine Sellerie-knolle, 1 Zwiebel, 1 1/2 bis 2 l Gemüsebrühe, 1 kleiner Becher Sahne oder Crème fraîche, 30 g Butter, zum Bestreuen reichlich gehackter Schnittlauch und Petersilie.

Zubereitung: In der heißen Butter das zerkleinerte Gemüse dünsten, die rohen, würflig geschnittenen Kartoffeln zugeben. Dann die Brühe dazu geben, alles weich kochen und mit Salz und Pfeffer abschmecken.

Kindern schmeckt es noch besser, wenn das weich gekochte Gemüse mit einem Pürierstab püriert wird. Zum Schluss die Sahne oder die Crème fraîche hinzufügen und mit den gehackten Kräutern bestreuen.

Dazu passt übrigens eine Scheibe frisches Brot – vielleicht sogar selbst gebackenes (siehe dazu Rezept auf Seite 17).

Wichtig: Grüne Teile der Knolle müssen vor dem Kochen auf jeden Fall entfernt werden, da sie das giftige Solanin enthalten.

Vorlesegeschichten

Vom guten Kartoffelkönig

Die Geschichte vom Kartoffelkönig, der nicht aufgegessen werden will, aber letztlich doch hungrigen Kindern freiwillig als Mahlzeit dient, hilft Kindern, den Gedanken vom Teilen und Helfen mit und für andere, die weniger haben als sie selbst, zu veranschaulichen.

Für Kinder in unserem Land, die sich um das tägliche Sattwerden kaum Gedanken zu machen brauchen, ist das Teilen keineswegs eine Selbstverständlichkeit. Sie erleben es ja täglich in der Welt der Erwachsenen, dass der eigene Besitz einer der wichtigsten Werte überhaupt ist. Je mehr man hat, desto mehr stellt man dar, und die Mehrung des persönlichen Reichtums wird von vielen als die wichtigste Tugend angesehen.

Da ist es wichtig, dass Kinder begreifen, dass es auf unserer Welt sehr viele Menschen gibt, die niemals genug zu essen haben und ihr ganzes Leben lang unter Hunger und Armut leiden. Dieses Elend kann nur dadurch überwunden werden, dass jene, die Nahrung und Kleidung im Überfluss haben, bereit sind, davon abzugeben, zu teilen. Erst wenn diese Überzeugung zur ethischen Grundlage des menschlichen Handelns wird, kann es auch Gerechtigkeit geben. Dieser Gedanke kann und soll gerade während der Erntedankzeit von den Kindern verinnerlicht werden.

Vorlesetext

Der abenteuerlustige Kartoffelkönig, der sich zunächst von keinem aufessen lassen will, hat im Grunde ein gutes Herz und hilft dort, wo die Not am größten ist.

▶ In einer Kartoffelkiste lagen schöne dicke Kartoffeln, eine noch dicker als die andere. Mitten drin aber thronte der Kartoffelkönig. Er war so groß wie ein halbes Dutzend anderer Kartoffeln zusammen.

Einmal kam die Großmutter in den Keller, um ein Körbchen Kartoffeln zu holen. Sie packte den Kartoffelkönig. Und als sie mit dem Körbchen über den Hof ging, sprang der kleine König auf die Erde und rollte, so schnell er konnte, in den Garten. »Ich will nicht aufgegessen werden!«, rief er immer wieder. Dabei rollte er weiter und weiter in die Welt hinein.

Da begegnete ihm ein Igel und sprach:

»Halt, warte ein bisschen, ich will dich fressen!«

»Nein«, sagte der Kartoffelkönig, »ich bin der Großmutter mit der Brille davongelaufen, und du, Igel Stachelfell, holst mich auch nicht ein!« Und er rollte weiter.

Da kam ein Wildschwein entgegen.

»Halt, dicke Kartoffel, warte ein bisschen, ich will dich schnell auffressen!«

»Nein«, sagte der Kartoffelkönig, »Großmutter mit der Brille hat mich nicht gefangen, dem Igel Stachelfell ist es nicht gelungen, und du, Wildschwein Grunzenik, fängst mich auch nicht!« Und er rollte weiter in den Wald.

Da begegnete ihm der Hase. Der rief:

»Halt, dicke Kartoffel, warte ein bisschen, ich will dich fressen!«

»Nein«, sagte der Kartoffelkönig, »Großmutter mit der Brille hat mich nicht gefangen, dem Igel Stachelfell ist es nicht gelungen, Wildschwein Grunzenik hat mich nicht erwischt, und du, Hase Langohr, kriegst mich auch nicht!«

Und er rollte weiter durch den Wald.

Da kamen ihm zwei arme Kinder entgegen, die waren schon lange auf dem Wege und hatten argen Hunger.

Als sie die große Kartoffel sahen, riefen sie erfreut:

»Oh, was läuft da für eine dicke Kartoffel! Wenn wir die hätten, dann wär die Not vorbei!«

Als der Kartoffelkönig das hörte, da sprang er den armen Kindern flugs ins Körbchen.

Und die Mutter backte den Kindern am Mittag einen großen Kartoffelpfannkuchen.

Der schmeckte lecker! ◀

Aus: Wilhelm Matthießen,»Das alte Haus«. © Verlag Herder, Freiburg

Selbst der stolze Kartoffelkönig lässt sich von der Not der Kinder beeindrucken. Ein schönes Beispiel für Hilfsbereitschaft und Selbstlosigkeit.

»Knolle« und seine Freunde

König, Polizist, Kasperles Großmutter ... und viele andere Puppen mehr. Wie man eine ganzes Kasperletheater aus den wunderbaren Erdäpfeln machen kann, zeigt uns diese Vorlesegeschichte. Die Materialien hierzu lassen sich in jedem Haushalt finden.

▶ Eine Frau kaufte einen Beutel mit Kartoffeln, die erst kürzlich auf dem Kartoffelacker geerntet worden waren. Die Kartoffeln im Plastikbeutel hielten sich für etwas Besonderes. Sie hatten keine Lust, gekocht oder verspeist zu werden. »Wir streben nach Höherem«, sagte eine dicke Knolle zu den anderen. »Außerdem sind wir zu jung, um schon zu sterben.« Die Kartoffel, die eine hervorragende Knollennase hatte, bekam Recht: Die Frau verwendete die gekauften Erdäpfel nicht für Kartoffelpuffer oder Fritten. Sie machte aus ihnen Köpfe für ein Kasperletheater!

Vorlesetext

An mancherlei Obst und Gemüse lassen sich die lustigsten Formen und Figuren erkennen. Da bekommt man Lust zum Basteln und Probieren.

Sicherlich fallen Ihnen mit den Kindern eine Menge schöner Geschichten ein, die sich mit den selbst gebastelten Puppen nachspielen lassen.

Sie wusch die Kartoffeln sorgfältig. Dann schnitt sie in jede Knolle mit dem Messer einen Mund hinein. Als Augen steckte sie schwarze Stecknadelköpfe in die Knollen. Angeklebte Wollfäden und Watte wurden zu Haaren! Eine bekam einen gewaltigen Schnauzbart aus Wollfäden. Obendrauf bekam die dicke Knolle eine kleine Krone aus Goldpapier gesteckt: Fertig war der Kartoffelkönig Knolle! Die schnauzbärtige Knolle erhielt eine Polizeimütze. Eine runde Kartoffel wurde mit einem Kopftuch versehen – fertig war Kasperles Großmutter!

Unten in die Kartoffeln wurden kleine Löcher hineingeschnitten, so dass die Frau ihren Zeigefinger hineinstecken konnte. Mit Streichholzenden wurde unten rundherum ein kleines Stück Stoff festgesteckt – das war der Mantel oder Umhang der Puppe.

Wenn ein Kartoffelkopf auf dem Zeigefinger der Frau saß, ließ er sich gut bewegen: Er konnte nicken, den Kopf bedenklich hin und her wiegen und sogar ruckartige Bewegungen machen. Außerdem konnten die Kartoffelpuppen ihren Hals nach allen Richtungen drehen: Das wurde eine lustige Theateraufführung!

Die Kartoffeln hatten wirklich Glück. Alle ihre Wünsche nach etwas Besonderem wurden erfüllt. So etwas passiert nicht allzu oft im Leben. ◄

Aus: Mein großes buntes Vorlesebuch. © Bassermann Verlag, Niedernhausen

Reime und Rätsel

Lustiger Kartoffelreim

Ich will dir was erzählen
von der alten Mählen:
Wenn sie keine Kartoffeln hat,
kann sie keine schälen.

Was reimt sich da?

Ein Mann lief auf der Straße
in riesengroßen Pantoffeln.
Er trug in seiner Tasche
riesengroße ...

Aus: Eva Aichert, Christine Paxmann, »Wir feiern ein Erntedankfest«.
© Pattloch Verlag, Augsburg

Zwei Rätsel von der Kartoffel

Es geht doch komisch zu in der Welt:
Im Frühjahr versteckt mich der Bauer im Feld,
im Herbst zieht er aus mit Weib und Kind
und sucht, bis er mich wieder find't;
aber dann bin ich nicht mehr allein,
ich hab 'ne Menge Kinderlein!

(Kartoffel)

Wer mich will zum Essen haben,
muss mich aus der Erde graben,
muss mich waschen, muss mich pellen,
mir die braune Haut abschälen,
muss mich kochen. Aber dann
isst mich gerne jedermann.
Aus mir, und das ist kein Witz,
macht man Chips und auch Pommes frites.

(Kartoffel)

Aus: Rolf Krenzer, »Wir danken für die Ernte«. © Lahn-Verlag, Limburg

Wie wäre es mit einem kleinen Wettbewerb? Wer findet am schnellsten die Lösung der Rätsel? Wer kennt noch einen Reim?

Ein Lied und ein Spiel

Kartoffellied

Aus Nordmähren

Kar - tof - feln sind bes - ser als Rü - ben und Kohl;
sie schmek-ken den Al - ten, den Jun-gen so wohl.

Kar - tof - feln, Kar - tof - feln, wer ißt sie nicht

gern? Die Rei-chen, die Ar-men, die Bau-ern, die Herrn.

**Variation der Kartoffel-
rallye: Je Mannschaft
gibt es einen Esslöffel
und eine große
Kartoffel. Nun läuft das
jeweils erste Kind mit
der Kartoffel auf dem
Löffel die abgesteckte
Bahn hin und zurück,
ohne die Kartoffel zu
verlieren.
An Start und Ziel wie-
der angelangt, übergibt
das erste Kind den Löf-
fel mit der
Kartoffel dem zweiten.
Sieger ist die Mann-
schaft, deren Kinder am
schnellsten den
Parcours bewältigt
haben.**

2. Man kann sie gebrauchen für
   Supp und Salat,
   geröstet, gebraten nach mancherlei
   Art.

Und fehlt es an Fleischwerk und
   fehlt es an Schmalz,
so rutschen sie auch ganz allein
   durch den Hals.

Kartoffelrallye

Spielort:	Drinnen oder draußen, ebener Untergrund
Organisation:	2 Mannschaften
Material:	2 x 20 kleinere Kartoffeln, 2 Schüsseln oder kleine Eimer, verschiedene Gegenstände zum Markieren der Bahn (Seil etc.)

Es werden zwei Bahnen markiert und am Ende jeder Bahn werden jeweils zwanzig kleinere Kartoffeln zu einem Haufen aufgeschüttet. Teilen Sie die Kinder in zwei Mannschaften auf. Jedes Team erhält einen kleinen Eimer.
Auf ein Startzeichen läuft das erste Kind von jeder Mannschaft mit dem Eimer los, liest die Kartoffeln auf, steckt sie in den Behälter und bringt sie dann zum zweiten Kind. Das nimmt den vollen Eimer mit und leert ihn wieder zu einem Haufen aus. Es rennt mit dem leeren Eimer zurück zum Startplatz und übergibt den Eimer an das nächste Kind usw. ...
Sieger ist die Mannschaft, die am schnellsten mit der Arbeit fertig ist.

Basteln und experimentieren

Wir bauen Kartoffelmännchen

Angeregt durch die Geschichte vom Kartoffelkönig basteln die Kinder mit viel Phantasie und Kreativität ihre Kartoffelmännchen selber. Für den Körper nimmt man Kartoffeln, zum Verzieren eignen sich Gewürze, Zahnstocher, Draht, Perlen, Wolle, Filz etc.

Kartoffeldruck

Mit Kartoffeln, die zu sehr angeschlagen oder nicht mehr einwandfrei sind, lässt sich herrlich drucken. Sie brauchen ein scharfes Messer, um die Druckstempel herzustellen, Pinsel, ein paar mit Wasser gefüllte alte Marmeladengläser, kleinere Wischtücher sowie festes, aber trotzdem saugfähiges Papier oder auch Karton.

Halbieren Sie die Kartoffeln und schnitzen Sie aus der Innenfläche eine Form – einen Stern, einen Apfel, eine Traube etc. – und fertig ist der Druckstempel. Nun können die Kinder diese Stempel mit Farbe bestreichen und das Papier oder den Karton bedrucken. Möchte man in einer anderen Farbe drucken, muss die Kartoffelinnenseite natürlich erst abgewaschen und mit dem Tuch trocken gerieben werden – sonst wird der Druck zu wässrig.

Wenn Sie anstatt der Plakafarben beim Kartoffeldruck Stofffarben verwenden, können Sie mit den Kindern kleine Tischsets herstellen oder zum Beispiel normalen, weißen Baumwoll-T-Shirts zu einem schönen Muster verhelfen.

Schrumpelmännchen

Die fertig gebastelten Kartoffelmännchen (siehe oben) werden im folgenden Versuch auf einen Tisch oder in ein Regal gestellt und über einen längeren Zeitraum beobachtet. Mit der Zeit werden sie schrumpelig und trocknen regelrecht aus. Erklären Sie den Kindern, dass durch den Flüssigkeitsverlust die »Männchen« schrumpfen – also eine frische Kartoffel ziemlich viel Wasser enthält. Sollten die Kartoffelmännchen in dieser Zeit dem Licht ausgesetzt sein, dürften auch bald die ersten Triebe entstehen.

»Die Kartoffel findet ihren Weg«

Für dieses Experiment benötigen wir einen Karton, in den die Kinder ein Labyrinth aus Papierstreifen einsetzen. In eine Seitenwand wird ein Loch gestanzt. Nun legen die Kinder eine ältere Kartoffel mit Trieben in die Mitte der Box und stellen diese an einen dunklen Ort (Keller). Wenn wir Glück haben, treibt die Kartoffel ihre Wurzeln aus und streckt sie sogar durch das Loch des Kartons.

Obst- und Gemüseerntedank

Zur Einstimmung

In den Monaten Juli, August bis September reift das meiste Obst und Gemüse. Der »goldene« Oktober fängt noch einmal alle Sonnenstrahlen ein, bevor das Jahr ausklingt. Die letzten Ernten werden unter Dach und Fach gebracht, und bei richtiger Lagerung sorgen sie bis weit in den Winter hinein für Nachschub in der Küche. Spätestens jetzt ist die rechte Zeit, für die gute Ernte des Jahres zu danken.

Im Herbst, wenn die meisten Obstsorten und auch das meiste Gemüse zur Ernte ansteht, ist es Zeit für einen Erntedankaltar – entweder im Kindergarten oder in der Kirche.
Bereits im Frühling können Sie allerdings mit den Kindern im Kindergarten-Garten oder zu Hause einige Gemüse beziehungsweise einige Obstsorten (beispielsweise Erdbeeren) anbauen. So erleben die Kleinen von Anfang an mit, welch zahlreicher Arbeitsschritte es bedarf, bis wir das Gemüse und Obst ernten und essen können.

Gespräch rund ums Obst und Gemüse

Zur Vorbereitung des Gespräches schnipseln die Kinder aus Zeitungen und Katalogen alles aus, was sie an Gemüse und Obst finden. Zusammen wird überlegt, welche Sorten sie kennen, wie und wo sie wachsen und wie und wofür die Früchte geerntet werden.

Obst

Wächst auf Bäumen, an Sträuchern oder Reben.
Wir kennen Äpfel, Birnen, Aprikosen, Pfirsiche, Pflaumen, Kirschen, Zwetschgen, Erdbeeren, Himbeeren, Brombeeren, Johannisbeeren, Stachelbeeren, Heidelbeeren und Weintrauben.
Es gibt Stein- und Kernobst sowie Beerenobst.
Geerntet werden sie von Hand oder per Leiter für den frischen Verzehr, für Obstsalat, Kompott, auf oder im Kuchen, für Saft, Marmelade, Most, Wein und auch Schnaps. Die Traubenernte nennt man Weinlese.

Nüsse

Wachsen an Sträuchern oder auch Bäumen. Es gibt beispielsweise Walnüsse und Haselnüsse. Geerntet werden sie durch Schütteln und Auflesen. Wir essen sie roh, brauchen sie zum Backen und machen Öl daraus.

Gemüse

Wächst im Garten, auf dem Feld und auf Beeten.
Wir kennen Rotkohl, Weißkohl, Wirsing, Blumenkohl, Rosenkohl, Kohlrabi, Lauch, Rettich, Zwiebeln, Radieschen, Sellerie, Rote Bete, Möhren, Gurken, Paprika, Tomaten, Bohnen, Erbsen, Salat.
Geerntet wird das Gemüse entweder von Hand oder mit Maschinen für Rohkost und Salate und gekochtes Gemüse.

Pilze

Wachsen meist im Wald oder aber auch in vom Menschen geschaffenen Kulturen. Wir sammeln per Hand und essen sie als »Gemüse« und in Suppen und Salaten.

Ausflüge

Auf dem Wochenmarkt

Besuchen Sie mit den Kindern den Wochenmarkt – möglichst zu verschiedenen Jahreszeiten. Dabei können Sie den Mädchen und Jungen zeigen, wie groß, besonders im Herbst, die Auswahl an heimischen Früchten ist.
Für das folgende Rezept eines Gemüseeintopfes können Sie gleich die notwendigen Zutaten auf dem Wochenmarkt gemeinsam einkaufen – wenn Sie nicht alles im Garten selber anpflanzen und ernten konnten.

Beim Bauern

Zum Thema »Obst- und Gemüseerntedank« passt natürlich ein Besuch beim Bauern ganz hervorragend. Wenn möglich, sollten Sie wieder versuchen, zu unterschiedlichen Jahreszeiten vorbeizuschauen, um die Veränderungen an den Pflanzen und die Pflege und Arbeit, die es braucht, bis alles erntereif ist, mit den Kindern zu erleben. Es muss übrigens nicht gleich der Besuch beim Bauern direkt sein – Spaziergänge durch Felder oder auch Weinberge beziehungsweise zu Obstgärten sind ebenso lehrreich wie interessant.

Wenn die Ernte aus dem Kindergarten-Garten groß genug ausgefallen ist, können die Kinder die eigene Ernte – nachdem sie in der Kirche gesegnet wurde – an Eltern und Angehörige wie auf einem richtigen Markt »verkaufen«. Den kleinen Marktverkäufern wird es viel Spaß bereiten und die Eltern werden sich darüber freuen, bei den Kindern »einzukaufen« und sich den Gang zum Markt oder Laden zu sparen.

Gemüserezepte

Gemüseeintopf

Abkürzungen
EL = Esslöffel
TL = Teelöffel
l = Liter
g = Gramm
ca. = circa
°C = Grad Celsius

Zutaten: Kohlrabi, Möhren, Lauch, Sellerie, Erbsen, Kartoffeln, Salz, Pfeffer, Muskatnuss, etwas Knoblauch und viel gehackte Petersilie.

Zubereitung: Im Grund können Sie fast jede Gemüsezusammenstellung wählen – dieses Rezept dient lediglich als Anregung. Wie viel Sie benötigen, hängt natürlich von der Personenzahl ab, rechnen Sie mit etwa 200 g Gemüse je Person.

Die Kinder helfen gerne beim Kochen und in der Gemeinschaft macht das Schälen und Schnipseln richtig Spaß. Wenn alle Zutaten klein geschnitten und vorbereitet sind, kommt alles in einen großen Topf. Nun so viel Wasser oder auch Brühe hinzugeben, bis das Gemüse ganz bedeckt ist. Den Eintopf einmal kurz aufkochen lassen und dann bei geringer Hitze so lange köcheln, bis das Gemüse gar ist.

Zum Schluss mit Salz, Pfeffer und Muskatnuss würzen und die gehackte Petersilie darüberstreuen.

Besondere Freude bereitet es den Kindern, wenn sie die Eltern zum Eintopfessen einladen dürfen.

Gemeinsam gehts besser und man hat viel Spaß dabei. Bereiten Sie zusammen mit Ihrem Kind einmal einen deftigen Gemüseeintopf für die ganze Familie!

Gemüsespieße

Zutaten: 200 g Kohlrabi, 250 g Möhren, 5 Zucchini, 10 Cocktailtomaten, 10 lange Holzspieße.

Zubereitung: Die Kohlrabi und die Möhren schälen und waschen. Die Kohlrabi mit einem Buntmesser in kleine Rauten, die Möhren in dünne Scheiben schneiden. Die Zucchini in etwa 1 cm dicke Scheiben schneiden. Das Gemüse abwechselnd auf Spießchen stecken und anrichten.

Variation: Nehmen Sie an Stelle des Gemüses verschiedene Obstsorten. Waschen, schälen oder entkernen Sie das Obst. Stecken Sie die mundgerecht und gleich groß geschnittenen Obststückchen auf die Spieße.

Hinweis: Auf Kinder, die unter einer Lebensmittelallergie leiden, muss Rücksicht genommen werden. Besonders im Kindergarten müssen sich die ErzieherInnen immer mit den Eltern absprechen.

Vorlesegeschichten

Das Rübenziehen

Eine Geschichte vom Helfen und von der Kraft der Gemeinsamkeit. Selbst die dickste Rübe bleibt nicht in der Erde stecken, wenn alle zusammen kräftig ziehen.

Vorlesetext

▶ Väterchen hat Rüben gesät. Er will eine dicke Rübe herausziehen; er packt sie beim Schopf, er zieht und zieht und kann sie nicht herausziehen. Väterchen ruft Mütterchen. Mütterchen zieht Väterchen, Väterchen zieht die Rübe, sie ziehen und ziehen und können sie nicht herausziehen.

Kommt das Enkelchen. Enkelchen zieht Mütterchen, Mütterchen zieht Väterchen, Väterchen zieht die Rübe, sie ziehen und ziehen und können sie nicht herausziehen.

Kommt das Hündchen. Hündchen zieht Enkelchen, Enkelchen zieht Mütterchen, Mütterchen zieht Väterchen, Väterchen zieht die Rübe, sie ziehen und ziehen und können sie nicht herausziehen.

Kommt das Hühnchen. Hühnchen zieht Hündchen, Hündchen zieht Enkelchen, Enkelchen zieht Mütterchen, Mütterchen zieht Väterchen, Väterchen zieht die Rübe, sie ziehen und ziehen und können Sie nicht herausziehen.

Kommt das Hähnchen. Hähnchen zieht Hühnchen, Hühnchen zieht Hündchen, Hündchen zieht Enkelchen, Enkelchen zieht Mütterchen, Mütterchen zieht Väterchen, Väterchen zieht die Rübe: Sie ziehen und ziehen – schwups, ist die Rübe heraus, und das Märchen ist aus. ◀

71

Supermarktgarten

Günther geht es so wie vielen Kindern. Viele von ihnen wissen nicht, wie das Obst und das Gemüse, das sie tagtäglich auf ihrem Mittagstisch vorfinden, gepflanzt, wie und wann es eigentlich wächst und wann es geerntet wird. Und was passiert in den Jahreszeiten?

Vorlesetext

▶ Im Frühjahr das erste Obst: Rhabarber, rote, fleischige Stengel mit großen dunkelgrünen Blättern. Stangenspargel wird gestochen.

An den Erdbeerbüschen erscheinen die ersten kleinen, weißen Blüten, dann grüne, winzige Erdbeeren, die zuerst weißlich, dann rosa und schließlich rot werden.

Blühende Obstbäume: Frühkirschen-, Pfirsich-, Aprikosen-, Pflaumen- und zuletzt die Apfel- und Birnbäume.

Wenn der Sommer kommt, hängen die Johannisbeersträucher dick voll roter, weißer und schwarzer Beerentrauben. In dornigen Sträuchern verstecken sich gelbgrüne Stachelbeeren. Zwischen dem grünen Laub der Kirsch-, Pflaumen- und Mirabellenbäume leuchten rot, blau und gelb die Früchte. Samtige Aprikosen und Pfirsiche warten aufs Pflücken. An den Hecken reifen süße, rote Himbeeren, und später tragen die Brombeerhecken dicke schwarze Beeren. Beete voll Salat. Bohnen: Die langen, breiten ranken sich um hohe Stangen, die schmalen Gemüsebohnen wachsen an Büschen. In der Erde stecken Karotten. Nur die gefiederten, zarten Blätterbüschel sind zu sehen. Tomaten, rund und rot und ganz warm von der Sonne.

Die ersten rotbackigen Äpfel plumpsen von den Bäumen und gelbe Birnen. Wenn sie reif sind, ist es Herbst.

Rot-, Weiß- und Wirsingkohl sind zu dicken Köpfen gewachsen. Kartoffeln werden ausgebuddelt. Rosenkohl und Grünkohl warten auf den ersten Frost. Es ist Winter. Garten und Felder sind leer. Trotzdem essen wir im Winter frisches Obst. Das weiß auch Günther: Wenn's kalt wird, liegen in der Obst- und Gemüseabteilung im Supermarkt die ersten roten Netze mit Mandarinen. Bananen gibt es sowieso das ganze Jahr, Orangen auch – aber im Winter viel saftigere, weil die neue Ernte da ist.

Und dieses Obst kommt aus südlichen Ländern, wo es heiß ist und immer, auch wenn's bei uns Winter ist, die Sonne scheint. Das weiß und kennt der Günther. Er weiß und kennt noch eine Menge anderer Dinge. Aber das, das nicht: Selbst mal reife Erdbeeren abpflücken. Er weiß nicht mal, dass sie an Büschen, dicht über der Erde, wachsen. Einen Kirschbaum hat er noch nie

Gemüse, Obst, alle unsere Nahrungsmittel wachsen und reifen ursprünglich in der Natur. Leider haben immer weniger Kinder die Gelegenheit, dies vor Ort direkt zu beobachten und mitzuerleben. Eine wichtige Aufgabe für uns Erwachsene ist es deshalb, dafür zu sorgen, dass die Verbindung der Kinder zur Natur nicht vollends abreißt.

blühen gesehen und er ist noch nie im Sommer auf einem herumgeklettert und hat eine Kirsche nach der anderen in den Mund gesteckt. Noch nie hat er, wenn es Herbst ist, Äpfel oder Birnen vom Baum geschüttelt. Nie hat er zugesehen, wie Kartoffeln geerntet werden und dabei den Duft des Kartoffelkrautfeuers in der Nase gehabt, in dem manchmal frische Kartoffeln gebraten werden.

Frühling, Sommer, Herbst, Winter – welche Jahreszeit gerade dran ist, das weiß und kennt Günther nur von der Obst- und Gemüseabteilung im Supermarkt.

Oft kommt er nicht aus dem Haus, meistens nur, wenn er mit Mutter und dem kleinen Bruder einkaufen geht. Und Sonntags gehen sie schon mal in den Stadtwald spazieren. Wie soll er einen Garten mit allem, was und wie es darin wächst, kennen lernen?

Für Günther wachsen im Frühjahr die Erdbeeren in grünen Pappkästchen, mit Tesastreifen drumherum, wo der Preis draufsteht. Die Kirschen, Johannisbeeren, Stachelbeeren, Himbeeren und Brombeeren im Sommer, alles wächst in grünen Pappkästchen.

Bohnen. Tomaten. Trauben. Im Herbst, bei den Äpfeln und Birnen, ist es etwas anderes, die wachsen auf einem weißen oder violetten Pappteller, Folie drumrum und das Preisschild drauf.

Salat und Gemüse liegen einfach wo herum. Manchmal in Folientüten mit kleinen, runden Löchern, zum Beispiel die Kartoffeln und die Karotten. Neulich war Günthers Oma zu Besuch da.

Beim Essen, Gulasch, Salzkartoffeln und Salat gab es, da fragte die Oma den Günther: »Du kommst doch dieses Jahr in die Schule. Bist also schon ein großer, kluger Junge. Sag mal, weißt du eigentlich, wo die Kartoffeln herkommen?« Da schluckte der Günther und sagte verwundert: »Na klar! Die kommen von Tengelmann.«

Aber die Oma meinte das ganz anders und fragte weiter: »Da kauft man sie. Aber du, ich meine doch, wie und wo sie wachsen?« Da konnte der Günther wirklich nur lachen.

Er sagte zu ihr: »Aber na, in der Plastiktüte, mit kleinen runden Löchern drin, damit sie Luft kriegen. Mal sind die Tüten weiß, mal rosa. Also das weiß doch jeder!«

Da wunderte sich die Oma sehr.◀

(Susanne Kilian, 1976)

Wie die Kerne in den Apfel kommen, ob Kakao wirklich von braunen Kühen stammt, sind Kinderfragen, denen Eltern das ganze Jahr über begegnen. Die Erntedankzeit bietet eine wunderbare zusätzliche Gelegenheit, die Kinder mit der Herkunft unserer Nahrungsmittel vertraut zu machen.

Gedichte, Reime, Rätsel

Gestern Abend

Gestern Abend auf dem Ball
tanzte Herr von Zwiebel
mit der Frau von Petersil,
das war gar nicht übel.

Das Gedicht »Gestern
Abend« wäre auch ein
lustiges »Theaterspiel«.
Kinder stellen die ein-
zelnen Gemüse dar und
tanzen die beschriebe-
nen Situationen nach.

Die Prinzessin Sellerie
tanzt besonders schicklich
mit dem Prinz von Rosenkohl
das machte sie sehr glücklich.

Der Baron von Kopfsalat
der war besonders herzlich.
Er tanzte mit Frau Sauerkraut,
doch diese blickte schmerzlich.

Ritter Kürbis, groß und schwer,
trat einer auf die Zehen.
Das war die Gräfin Paprika,
die ließ ihn einfach stehen.

Drei lustige Reime

Rote Kirschen ess ich gern,
schwarze noch viel lieber.
In den Kindergarten geh ich gern
alle Tage wieder.

Erbsen ess ich lieber
wie der Herr von Biber.
Linsen ess ich grad so gern
wie der Herr von Lilienstern.
Dort oben auf dem Baume,
gebt Acht!
Da sitzt versteckt die Pflaume
und lacht.

Nun stellt euch alle unter
den Baum und rüttelt munter
und schüttelt sie herunter,
dass 's kracht!

Fünf knifflige Rätsel

Erst weiß wie Schnee,
dann grün wie Klee,
dann rot wie Blut,
schmeckt allen Kindern gut.
(Kirsche)

Im Feld steht ein Mädchen,
hat ein gelb' Röckchen
und ein grün' Häubchen.
(Mohrrübe)

Wer ist im Wald der kleine Mann,
der nur auf einem Bein stehn kann?
Trägt einen großen bunten Hut –
mal ist er giftig und mal gut.
(Pilz)

Ich hab keinen Schneider,
und hab doch sieben Kleider.
Wer sie mir auszieht, der muss weinen
und sollt er noch so lustig sein.
(Zwiebel)

Unter grünem Blatt verborgen,
häng ich rot und rund.
Kinder, sucht mich froh am Morgen
und steckt mich in den Mund.
(Erdbeere)

Lieder und Spiele

Obstsalat

T: L. Kleikam
M: D. Jöcker

Dik-ke süs-se Äp-fel. Blau-e saf-ti-ge Pflau-men.

Vie-le ro-te Jo-han-nis-bee-ren. Krum-me Ba-na-nen.

Organisation: Gruppen, jede Gruppe übernimmt eine Stimme
Material: Verschiedene Obstsorten, mindestens alle, die im Lied vorgestellt werden

**Dieses muntere Spiel-
lied bietet den Kindern
gleich mehrere Sinnes-
erfahrungen. Mit geüb-
teren »Sängern« eignet
sich »Obstsalat« auch
als kleiner Kanon.**

Als Quodlibet ist dieser »Obstsalat« eine gute Vorübung für das Singen von
Kanons.
Zunächst werden alle Obstsorten einzeln vorgestellt. Dann beginnt man mit
einer Obstsorte den Salat zuzubereiten. Jede weitere Sorte wird einzeln zuge-
fügt.
Die »Fingertrommel« hilft, Tempo und Rhythmus zu halten. (Die Kuppen der
beiden Zeigefinger werden aufeinandergeschlagen.)
Auch bei anderen Liedern ist die Fingertrommel ein sehr hilfreiches Instrument. Man setzt sie dort ein, wo Schlaginstrumente nicht zur Hand sind oder
wo ein lautes Schlagen nicht angebracht ist.

Hinweis: Es muss nicht immer gleich »richtiges« Obst sein. Dieses Spiellied
kann gleich viel Freude bereiten, wenn das Obst entweder gemalt, aus Kata-
logen und Zeitungen herausgeschnitten oder aus Pappmaché (siehe hierzu
Seite 81) beziehungsweise aus Knetmasse modelliert und angemalt wurde.
Das Schneiden des Obstes wird dann selbstverständlich vollkommen panto-
mimisch dargestellt.
Das Pappmachéobst können Sie übrigens wunderbar, beispielsweise für den
Kaufmannsladen weiterverwenden.

Aus: »Und weiter geht's im Sauseschritt«. © Menschenkinder Musikverlag Münster

Erntetanz

T: Rolf Krenzer
M: Ludger Edelkötter

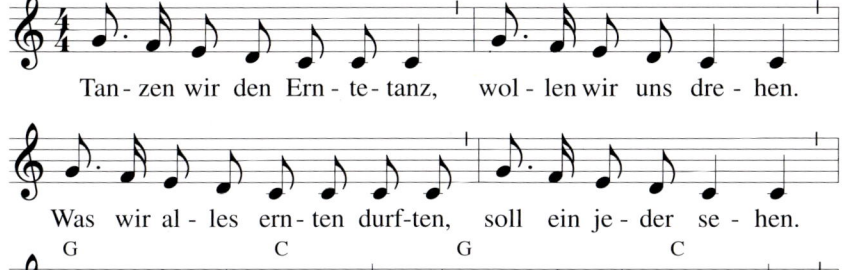

Tan - zen wir den Ern - te - tanz, wol - len wir uns dre - hen.

Was wir al - les ern - ten durf - ten, soll ein je - der se - hen.

Dank für die Er - nte! Dank für die Ga - ben,

dass wir zu es - sen jetzt und im - mer ha - ben.

Tanz - zen wir den Ern - te - tanz drehn wir uns im Rei - gen.

Was wir al - les ern - ten durf - ten, wol - len wir euch zei - gen.

2. Dank für die Äpfel,
   Dank für die Gaben,
   dass wir zu essen
   heut und morgen haben.

3. Dank für die Birnen ...

4. Dank für die Trauben ...

5. Dank für die Brote ...

6. Dank für die Blumen ...

7. Dank für die Kartoffeln ... usw.

Aus: MC und Liedheft: »Wir feiern heut ein Fest«. © Impulse-Musikverlag, Drensteinfurt

Spiellieder können in mehreren Gruppen ein-geübt werden. Die eine Gruppe singt, die zwei-te tanzt und die dritte zeichnet für die musika-lische Untermalung verantwortlich. Achten Sie aber darauf, dass die Aufgaben der Gruppen wechseln.

So wird getanzt

Organisation: Kreis
Material: Bänder

Alles, wofür wir danken, wird in den einzelnen Strophen eingesetzt, so dass nach und nach immer mehr dazu kommt.

Der Spielleiter beginnt und immer mehr Kinder kommen in den Kreis und schreiten im Takt der Musik.

Sie können auch bunte Bänder aufnehmen lassen, die von einem Kind in der Kreismitte gehalten werden und von denen jeder Tänzer ein Ende hält. Hier lassen Sie die Kinder aber nun nicht im Kreis gehen – sonst wird das Kind in der Mitte »eingewickelt« –, sondern lassen Sie sie einige Schritte zur Kreismitte gehen und wieder zurück usw. Alles natürlich wieder im Takt des Erntetanzes. Diese Tanzvorführung eignet sich besonders gut für die Ausgestaltung von Kinderfesten und öffentlichen Veranstaltungen in der Gemeinde.

Und noch ein Rätsel:
Was Rotes sitzt am
Baum und lacht,
das hat der Frühling
uns gebracht.
Innen hat es einen Kern,
Kinder und Spatzen
essen's gern.
(Kirsche)

T: Rolf Krenzer
M: Martin Göth

Sind erst die Radieschen reif

Sind erst die Ra-dies-chen reif, dann fängt die Ern-te an. Dann rup-fen wir und zup-fen wir, dann zup-fen wir und rup-fen wir, dann rup-fen wir und zup-fen wir, so gut es je-der kann, so gut es je-der kann. Dann gut es je-der kann.

2. Sind erst die Erdbeeren reif,
dann fängt die Ernte an.
Dann pflücken wir
beim Bücken hier,
beim Bücken hier,
da pflücken wir,
dann pflücken wir
beim Bücken hier,
so gut es jeder kann,
so gut es jeder kann.

3. Sind erst die Kirschen reif,
dann fängt die Ernte an.
Dann pflücken voll
Entzücken wir,
ja, voll Entzücken
pflücken wir.
Dann pflücken voll
Entzücken wir,
so gut es jeder kann,
so gut es jeder kann.

4. Sind erst die Äpfel reif,
dann fängt die Ernte an.
Dann rütteln wir,
dann schütteln wir
und rütteln wir,
so gut es jeder kann,
so gut es jeder kann.

5. Ist erst das Getreide reif,
dann fängt die Ernte an.
Dann schaffen wir
und raffen wir,
dann raffen wir
und schaffen wir,
dann schaffen wir
und raffen wir,
so gut es jeder kann,
so gut es jeder kann.

6. Wir feiern Erntedank,
und unterm Erntekranz
da gehen wir
und drehen wir
und gehen wir,
da gehen wir
und drehen wir
uns rundherum im Tanz,
uns rundherum im Tanz.
(Oder: uns froh im Erntetanz)

Ein Spiellied, welches dem natürlichen Bewegungsdrang der Kinder besonders entgegen kommt. Ein wenig achten sollten Sie aber darauf, dass nicht zu heftig am Spielpartner gerüttelt, geschüttelt und gezupft wird.

Aus: Rolf Krenzer/Martin Göth, Werkbuch und MC »Mein dicker, roter Luftballon«.
© Lahn-Verlag, Limburg

So wird gespielt

Organisation: Frei im Kreis

Alle gehen durcheinander im Kreis und bleiben nach den ersten beiden Zeilen des Liedes vor einem Mitspieler stehen, der ihnen zufällig begegnet. Je nachdem, was der Text in der jeweiligen Strophe erzählt, zupfen und rupfen die Kinder an ihrem Mitspieler, rütteln und schütteln ihn usw.

Danach lösen sie sich wieder voneinander und suchen sich für die nächste Strophe einen neuen Partner. Zur letzten Strophe tanzen alle angefasst im Kreis.

Selbstverständlich können Sie weitere Strophen einbauen, eben mit allem, was geerntet wird.

Obstkorb

Farben werden unterschiedlich wahrgenommen. Neben der richtigen Zuordnung, den korrekten Namen für die verschiedenen Früchte lernen die Kinder im Spiel »Obst und Gemüse in einen Korb legen« außerdem Farben zu differenzieren und zu benennen.

Organisation: Kreis; jedem Kind wird eine Obstsorte zugeordnet.

Material: Eventuell Karten, auf die jeweils eine Gemüsesorte gemalt ist

Die Gruppe sitzt im Kreis, ein Kind steht in der Mitte. Es ruft nun zwei Obstsorten auf. Die entsprechenden müssen daraufhin blitzschnell die Plätze tauschen. Der Spieler in der Mitte versucht, einen dieser kurzzeitig frei werdenden Plätze zu ergattern. Ruft er »Obstkorb«, müssen alle einen neuen Platz suchen. Einen Platz weiterrutschen gilt nicht!

Für die vereinfachte Variante geben Sie jedem Kind ein Kärtchen mit einer darauf gemalten Obstsorte um den Hals, so vergisst das Kind nicht, welche Obstsorte es vertritt.

Obst und Gemüse in einen Korb legen

Organisation: Frei

Material: Verschiedene Obst- und Gemüsesorten, ein Korb, ein Farbwürfel

Die Kinder würfeln der Reihe nach. Wenn jemand zum Beispiel die Farbe »Blau« würfelt, darf das betreffende Kind eine blaue Obst- oder Gemüsesorte in den Korb legen – wie etwa Pflaumen, Trauben oder Auberginen.

Variante: Wenn das Kind das Obst oder Gemüse in den Korb legt, muss es ganze Sätze formulieren. Zum Beispiel: »Ich lege in den Korb eine Pflaume!« Die Kinder werden so sprachlich gefordert und können die Farben und die Namen beziehungsweise die genauen Bezeichnungen der Obst- und Gemüsesorten kennen lernen.

Bei größeren Kindern können Sie auch noch einen Zahlenwürfel mit ins Spiel bringen. Jetzt heißt es nicht nur die richtige Obst-/Gemüsesorte in den Korb zu legen, sondern auch noch die auf dem Würfel angegebene Menge. So lernen die Kinder gleichzeitig noch Mengen zu erfassen.

Basteln und gestalten

Kneten und Formen

Aus Modelliermasse und/oder Pappmaché lassen sich wundervolle Früchte oder Gemüse formen. Die Pappmaché-Früchte können zudem noch farbig angemalt werden.

Pappmaché können Sie entweder aus alten Zeitungsschnipseln, die am Besten über Nacht in warmem Wasser eingeweicht und dann kräftig ausgedrückt mit Tapetenkleister zu einer weichen Masse verknetet werden, selbst herstellen – oder aber bereits vorgefertigt im Bastelgeschäft kaufen.

Die Früchte aus Pappmaché kann man für viele Erntedank-Spiele verwenden.

Reißen und Kleben

Malen Sie mit den Kindern auf festem Papier die Formen verschiedener Obstsorten oder Gemüse grob vor. Nun werden aus Bunt- oder farbigem Seidenpapier kleine Schnipsel gerissen, mit denen die vorgemalten Früchte – selbstverständlich in der »richtigen« Farbe – ausgeklebt werden. Wer schon sicherer in der Formgebung ist, kann die Früchte auch direkt, ohne Vormalen, aus den Papierstückchen zusammensetzen.

Puppen aus Gemüse

Aus Mais, Gurken, Kartoffeln, Rüben, aber auch aus anderen Gemüsesorten lassen sich sogar Puppen basteln. Am Besten verbindet man die einzelnen Gemüsesorten mit Draht. Aus Spargel, Ingwerwurzeln, kleinen Möhren, Pfeffer- und Nelkenkörnern und anderen Gewürzen werden Augen, Nase und Mund gestaltet.

Der Rübengeist

Viel Spaß bereitet die Herstellung eines Rübengeistes aus einer Futterrübe. Diese wird zunächst ausgehöhlt, dann schnitzen wir Augen, Nase und Mund aus. In die ausgehöhlte Rübe kommt eine Kerze, die den Rübengeist besonders im Dunkeln schön zum Leuchten bringt.

Mit den leuchtenden Rübengeistern zogen Kinder und Jugendliche früher im Dunkeln durch die Straßen ihrer Dörfer.

Es schmeckt herrlich und ist so gesund. Lassen Sie Kinder den Genuss spüren, den frisches Obst und Gemüse bietet. Dann fällt es Ihnen leichter, auf Junkfood und Süßigkeiten zu verzichten.

Sinnesübungen

Das Schmeck-Spiel

Schmecken, Tasten, Riechen sind Sinneswahrnehmungen, die sich in spielerischer Form intensivieren lassen. Wenn Sie solche Spiele als Partnerspiele anbieten, können die Kinder gemeinsam raten und ihre unterschiedlichen Wahrnehmungen austauschen.

Organisation: Frei
Material: Unterschiedliche klein geschnittene Gemüse- und Obstsorten, ein Tuch

Von möglichst vielen Gemüse- und Obstsorten schneiden wir kleine Stückchen auf. Einem Kind werden die Augen verbunden. Es bekommt ein Stückchen Obst in den Mund gesteckt und soll nun erraten, um welche Sorte es sich handelt.

Das Riech- und Tast-Spiel

Organisation: Frei
Material: Unterschiedliche Gemüse- und Obstsorten, ein Tuch

Mit verbundenen Augen ertasten und erriechen die Kinder die verschiedenen Früchte. Jeder hat fünf Riech- und Tastversuche. Wer die meisten Früchte erkennt, hat dieses kleine Spiel gewonnen und erhält als Preis beispielsweise eine Handvoll Pflaumen, eine Birne oder ein Obst seiner Wahl.

Religiöse Erziehung

Die Geschichte vom Obstsalat

Eine Geschichte, die den Kindern zeigt, dass, wenn viele auch nur eine winzige Kleinigkeit geben, alle zusammen genügend besitzen.

▶ Heute will Frau Heimann mit der ganzen Gruppe Obstsalat zubereiten. Sie hat an alles gedacht: Eine ganz große Schüssel, Messerchen, um das Obst zu schälen und zu schneiden, auch an Zucker und an süße Sahne. Das Obst haben die Kinder mitgebracht: Äpfel und Birnen, Weintrauben, Apfelsinen und Bananen, dazu Nüsse und Rosinen. Das wird ein köstlicher Obstsalat werden. Eifrig beginnen die Kinder, ihr Obst auszupacken und nach den Messerchen zu greifen. »Geht bitte ganz vorsichtig damit um!«, sagt Frau Heimann. »Sie sind scharf!«

Da steht plötzlich Marina vor ihr. Ganz ernst blickt sie Frau Heimann an, und Tränen stehen ihr in den Augen.

»Du hast dich doch nicht schon geschnitten?«, fragt Frau Heimann und greift nach Marinas Hand.

Marina schüttelt den Kopf. »Ich gehe jetzt wieder nach Hause«, sagt sie leise.

»Aber du hattest dich doch auch so sehr auf unseren Obstsalat gefreut!« Frau Heimann blickt Marina verständnislos an.

Da verzieht sich Marinas Mund und jetzt laufen dicke Tränen über ihre Backen. »Ich habe aber doch die Äpfel vergessen, die ich mitbringen wollte!«, jammerte sie. »Sie liegen zu Hause auf dem Küchentisch!«

»Ich habe meine Sachen auch vergessen!«, sagt Jens, der leise neben Marina getreten ist.

»Das ist doch nicht schlimm!«, lacht Frau Heimann und drückt jedem der beiden Kinder ein Messerchen in die Hand. »Schaut, wir haben alle unsere Sachen in die Mitte auf den Tisch gelegt. Nehmt euch etwas davon und helft mit, damit wir bald unseren Obstsalat aufessen können.«

Als dann alles Obst geschnitten ist, als der Obstsalat mit Zucker und Sahne abgeschmeckt ist, stellt Frau Heimann viele Tellerchen auf den Tisch. Annette und Udo verteilen den Obstsalat auf die Teller und alle passen auf, dass keiner zu viel oder zu wenig erhält.

»Das hätte ich nicht gedacht!«, sagt Marina zu Jens, als sie den großen Obstsalatberg von ihrem Teller löffelt. »Wir haben gar nichts mitgebracht. Und jetzt hat jeder so viel!«

Vorlesetext

Keiner muss Hunger leiden, wenn das Vorhandene miteinander geteilt wird. Teilen und Verantwortung für andere mit zu übernehmen ist *das* Thema der Erntedankfeste.

Frau Heimann hat gehört, was Marina gesagt hat.

»So ist es immer, wenn man teilt!«, sagt sie. »Dann bekommt jeder etwas. Und jeder hat genug, um satt zu werden!«

»Das ist fast ein Wunder!«, sagt Jens und holt sich mit seinem Löffel ein großes Bananenstück vom Teller.◀

Aus: Rolf Krenzer, Glauben erlebbar machen. © Verlag Herder, Freiburg-Basel-Wien

Gebete zum Erntedankfest

Eine eindrucksvolle Art, den Kindern Erntedank näher zu bringen, ist der Erntedanktisch. Eltern und Kinder versammeln sich um diesen Gabentisch und schließen die Augen. Jedem wird nun eine Frucht in die Hand gelegt, die er erraten muss. Nicht nur das! Auch über Herkunft und Transportweg soll gesprochen werden ...

Lieber Gott,
am Erntedankfest ist es in unserer Kirche besonders schön.
An diesem Tag hat der Messner einen großen Tisch aufgestellt,
darauf liegen viele Dinge:
Äpfel und Birnen,
Trauben und Tomaten,
Mohrrüben und Rote Beten,
Rotkohl und Wirsing,
Ähren und Brot.
Das sind alles deine Gaben,
du hast sie uns geschenkt.
Danke, lieber Gott!

Lieber Gott,
am Erntedankfest bringen wir schöne Dinge zum Essen und
Trinken in die Kirche.
Wir bringen Brot und Nüsse,
Erbsen und Möhren,
Milch und Honig.
Wir legen alles auf den Altar.
Wir danken dir für eine gute Ernte.
Wir danken dir, dass wir jeden Tag zu essen und zu trinken
haben.

Herr, du schenkst uns Tag für Tag
wieder unser Brot.
Wir nehmen's hin, wir danken dir,
bleib bei uns, lieber Gott.

Erntedank

T: Rolf Krenzer
M: Paul G. Walter

Was wir ern - ten, brin - gen wir. Laut und fröh - lich

sin - gen wir: Dan - ke, dan - ke, dan - ke-schön da -

für! dan - ke-schön da - für! 1. Aus dem Gar - ten

die To - ma - ten, Gur - ken, Boh - nen und ei - nen

Kür - bis, ei - nen Kür - bis dick und rund.

... zum Beispiel: »Ich bin ein Apfel und wuchs in einem Garten an einem Apfelbaum auf. Der Bauer pflückte mich, legte mich in den Korb und verkaufte mich auf dem Markt an die Eltern/an die Erzieherlnnen, die mich hier auf den Erntetisch legten.« Derart wird auf kreative Weise verdeutlicht, dass selbst einfache Dinge des Alltags einen Ursprung haben sowie Mühe und Aufwand benötigen.

2. Von den Bäumen
   Birnen, Pflaumen,
   Mirabellen ... und
   reife Äpfel,
   reife Äpfel dick und rund.

3. Von den Wiesen,
   aus dem Garten
   viele Blumen ... und
   Sonnenblumen,
   Sonnenblumen gelb und rund.

4. Von den Feldern
   das Getreide
   für das gute Brot.
   Weil wir so viel
   ernten, gibt es keine Not.

5. Wenn wir
   miteinander teilen,
   dann wird jeder satt.
   Seht, dass jeder
   heut und später etwas hat.

Alles, was wir ernten durften, tragen wir in einer langen Reihe auf unseren Händen vor uns her. Wir gehen im Kreis um den Erntedanktisch herum und legen dort alles ab. Zur letzten Strophe geben wir uns die Hände.

© Musikbär Verlag Paul G. Walter, Schriesheim

85

Schätze der Natur

Geschenke vor der Haustür

Eine ganz besondere Form von Erntedank ist es, sich an den zahlreichen Kleinigkeiten in Wald und Flur zu erfreuen. Schon ein kurzer Waldspaziergang wird die Kinder mit einer Menge natürlicher Geschenke bescheren: Blätter, Nüsse, Bucheckern, Schneckenhäuser, Tannenzapfen, Steine, Federn und vielem anderen mehr.

Die Mädchen und Jungen werden bei dieser Gelegenheit aufgefordert, aufmerksam die Natur zu erleben. Sie werden dabei auf kleine Schätze stoßen und selbst vermeintlich nutzlose Dinge mit anderen Augen sehen lernen.

Der Herbstwald bietet eine Fülle von »Materialien« und wahren Schätzen, mit denen sich der Erntedank auf ganz besondere Weise feiern lässt. Kastanien, Nussschalen, Federn oder die nun rot und gelb gefärbten Blätter und vieles mehr.

Vorlesegeschichte

Tanja feiert Erntedankfest

Diese Geschichte kann man mit den Kindern umsetzen, indem man im Kindergarten ein ähnlich schönes Fest feiert.

Vorlesetext

▶ »Wir haben heute Erntedankfest im Kindergarten gefeiert!«, sagt Tanja, als sie nach Hause kommt. »Das war ein Erntedankfest!« »Aber Erntedank feiern wir doch erst übernächsten Sonntag«, meint ihr Vater.

»Das ist doch egal, wann man es feiert«, meint Tanja. »Hauptsache ist, man dankt! Und Frau König hat gesagt, dass man immer danken kann. Deshalb kann man auch immer das Erntedankfest feiern.«

»Und wie habt ihr heute euer Erntedankfest gefeiert?«, fragt die Mutter.

»Eigentlich ging es gestern schon los«, erklärt Tanja ihren Eltern.

»Gestern haben wir im Kindergarten Brötchen gebacken. Das habe ich euch doch erzählt.«

Beide Eltern nicken.

»Und heute haben wir einen Spaziergang gemacht. Wir sind bis zum Wald gegangen. Und jeder durfte etwas auflesen, was ihm besonders gut gefallen hat. Kerstin hat einen wunderschönen Tannenzapfen gefunden, Ludger eine

Frisch vom Feld schmeckt es am Besten. Bei einem herbstlichen Ausflug aufs Land gibt es manch Köstliches zu entdecken.

winzige bunte Feder. Auf dem Weg lag sogar ein dicker Maiskolben. Den hat Arne mitgenommen. Jeder hat eben etwas gehabt.«

»Und du?«, fragt Vater.

»Ich?« Tanja hat plötzlich ganz verträumte Augen. »Ich habe einen kleinen Stein gefunden. Der ist ganz bunt gemustert.« »Gemasert«, verbessert der Vater. »Aber was hat das mit Erntedank zu tun?«

Tanja wundert sich, wie dumm Erwachsene manchmal sind. »Wir haben doch auch bunte Blätter gesammelt, die von den Bäumen heruntergefallen waren. Und alles hat etwas mit Erntedank zu tun. Frag nur Frau König.«

Die Eltern wissen, dass das, was Frau König sagt, für Tanja heilig ist. Gegen Frau König kommen weder Vati noch Mutti an. »Also, und wie habt ihr dann euer Erntedankfest gefeiert?«, fragt die Mutter schließlich.

»Ganz einfach«, sagt Tanja. »Wir haben alles mit in den Kindergarten genommen. Dann haben wir den großen Tisch mit einer schönen Tischdecke gedeckt. Frau König hat die Brötchen daraufgestellt. Und dann hatten wir noch Kuchen und Obstsalat. Und jeder hat das dazugelegt, was er von dem Spaziergang mitgebracht hat. Das Beste war aber, dass jeder von uns den anderen erzählt hat, weshalb er ausgerechnet das mitgebracht hat. Die Herbstblätter, weil sie so schön bunt sind, und die Bucheckern, weil wir vielleicht damit im Winter die Vögel füttern wollen.«

Erntedank sensibilisiert die Kinder für die Schätze und Wunder der Natur, so klein und unscheinbar ein buntes Blatt oder ein hübscher Stein auch sein mag.

»Und dein Stein?«, fragt der Vater.

»Ich habe gesagt, dass ich Gott danke, dass ich ihn gefunden habe. Stellt euch vor, ich hätte ihn nicht gefunden!«

Tanja blickt ihre Eltern geheimnisvoll an. »Dann könntet ihr euch jetzt nicht darüber freuen!« Und sie kramt blitzschnell den kleinen Stein aus ihrer Tasche und legt ihn mitten auf den Tisch. Ja, der Stein ist so schön, dass man sich wirklich darüber freuen kann. Das müssen Vater und Mutter sofort zugeben. Und dafür kann man auch danken.

»Wir haben im Kindergarten gesungen und für alles gedankt«, sagt Tanja. »Und dann haben alle gegessen.«

»Ja, ich glaube, Frau König hat Recht«, sagt der Vater.

»Aber jetzt wollen wir alle zusammen für unser Mittagessen danken. Ich bin richtig hungrig, denn bei mir im Büro gab es heute morgen leider kein Erntedankfest wie bei Tanja im Kindergarten.« ◄

Rolf Krenzer

Rätsel und Lieder

Drei pfiffige Rätsel

Aus Hagebutten lässt sich eine leckere und sehr Vitamin-C-reiche Marmelade zaubern. Aber Achtung – die Kernchen in den Hagebutten müssen herausgekratzt werden. Dabei zwischendurch nicht ins Gesicht oder an den Körper fassen, denn die Härchen an den Kernen verursachen starken Juckreiz.

Männchen im Strauch.
Hat ein schwarzes Käppchen auf,
ein rotes Mäntelchen um
und Steinchen im Bauch.
Wie heißt's Männchen im Strauch?
(Hagebutte)

Im Walde wächst es,
ist erst grün, dann blau und rund.
Wer es isst, kriegt einen blauen Mund.
(Heidelbeere)

Es steht im Wald auf einem Bein,
gern sammeln es die Leute ein.
(Pilz)

Bunt sind schon die Wälder

T: Joh. Gaudenz Frhr. v. Salis-Seewis
M: Joh. Friedrich Reichardt

Bunt sind schon die Wäl-der, gelb die Stop-pel-fel-der,

und der Herbst be-ginnt. Ro-te Blät-ter fal-len,

grau-e Ne-bel wal-len, küh-ler weht der Wind.

2. Wie die volle Traube
aus der Regenlaube
purpurfarbig strahlt!
Am Geländer reifen
Pfirsiche mit Streifen
rot und grün bemalt.

3. Flinke Träger springen
und die Mädchen singen,
alles jubelt froh.
Bunte Bänder schweben
zwischen hohen Reben
auf dem Hut von Stroh.

4. Geige tönt und Flöte
bei der Abendröte
und im Mondenglanz;
junge Winzerinnen
winken und beginnen
frohen Erntetanz.

Hinweis: Für Kinder-
garten-Kinder kann die
Melodie noch etwas zu
schwierig sein. Doch
wäre es ein schönes
Vorsing-Lied, während
die Kinder
eine Herbstkrone
basteln (siehe Seite 92)
oder ihre Fundstücke
zu einer Collage zusam-
menstellen.

Das Hamsterlied

T und M: Wolfgang Longardt

1. Von ei - nem Ham - ster will ich be -
rich - ten, von sei - nen gie - rig - gie - ri - gen Ge - schich - ten:
Er bau - te sich sein Ham - ster - haus im
Erd - reich zehn - mal grös - ser aus!

Bis zum Hals sitzt der gierige Hamster in sei- nen Körnern und hat keinen Platz zum Schlafen mehr. So weit kann es kommen, wenn man von allem nie genug bekommen kann.

2. Er träumte, dass es ihm mal gelänge,
zu bau'n die allertiefsten Hamster-
gänge.
Sein Vorrat sollt so riesig werden,
wie nie besaß ein Tier auf Erden.

3. Ich will für mich jetzt das meiste
haben
die dicksten und die allerreichsten
Gaben.
Er schleppte so viel Korn heran,
wie nie zuvor ein Tier getan.

4. So viel, bis alles ganz überfüllt,
der Vorrat auch schon aus dem
Eingang quillt.
Doch an den warmen Platz zur Nacht
hat dieser Hamster nicht gedacht.

5. Vor seinem Eingang da saß er dann
und fragte ratlos nun: Was fang
ich an?
Im Bau ist nun kein Platz für mich

und schon wird's kalt ganz fürchterlich.

6. Die andern Tiere doch ringsumher,
die sah man alle nun schon längst
nicht mehr.
Sie ruhten warm im Vorratsloch
mit reichlich Platz zum Schlafen
noch.

7. Und unser Hamster fragte sich
weil er schon fror ganz fürchterlich:
Schaff ich jetzt etwas Korn heraus,
dann hätt ich Platz in meinem
Haus.

8. Doch andre Tiere werd'n sich
bequemen
von meinem Vorrat draußen was zu
nehmen.
Das gönn ich keinem andern Tier,
da frier ich lieber draußen hier.

Ging ein Weiblein Nüsse schütteln

Volksweise aus Ostpreußen

Ging ein Weib-lein Nüs-se schüt-teln, Nüs-se schüt-teln,

Nüs-se schüt-teln, al-le Kin-der hal-fen rüt-teln,

hal-fen rüt-teln, rums! Ging ein Weib-lein

Nüs-se schüt-teln, Nüs-se schüt-teln, Nüs-se schüt-teln,

al-le Kin-der hal-fen rüt-teln, hal-fen rüt-teln, rums!

2. Ging ein Weiblein Himbeern
pflücken ...
riss dabei den Rock in Stücken ...
rums!

3. Hat nicht nur den Rock zerrissen ...
wird die Schuh auch flicken
müssen ...
rums!

Zur musikalischen Begleitung selbst gemachte Nusskastagnetten: Aus Karton ein etwa zehn Zentimeter langes und fünf Zentimeter breites Rechteck schneiden und in der Mitte falzen. Nun je eine Walnusshälfte mit der flachen Seite auf die Innenseiten des Kartonstreifens kleben. Fertig ist die Kastagnette.

So wird gespielt

Organisation: Kreis

1. Strophe: Die Kinder strecken sich nach oben und greifen in die Luft, nach dem »Ast«, den sie dann schütteln.

2. Strophe: Die Kinder gehen in der Hocke im Kreis herum.

3. Strophe: Alle ziehen ihre Schuhe aus und werfen sie auf einen Haufen in die Kreismitte. Beim letzten Wort müssen die Kinder sich ihre Schuhe ganz schnell wieder heraussuchen und anziehen.

Basteln und Gestalten

Wir bauen eine Schatzkiste

Um die kostbaren Schätze, die die Kinder beim Spaziergang finden, aufbewahren zu können, basteln wir eine Schatztruhe.

Dazu bieten Sie den Kindern ganz verschiedene Materialien, etwa Holz, Karton oder Astscheiben. Dann können sie ihrer Phantasie freien Lauf lassen und ihre eigene Schatzkiste basteln. Freilich kann man dazu auch nur einen einfachen Schuhkarton verzieren und schmücken.

Herbstkrone

Aus Blättern, die die Kleinen im Wald gefunden haben, wird eine Herbstkrone gebastelt. Zuerst werden die dicken Enden der Stiele abgeschnitten. Dann das erste Blatt neben der Ader falten, einen Schlitz in das gefaltete Blatt stechen und das zweite Blatt durch beide Blattschichten stecken. Anschließend legt man das zweite Blatt durch das erste und macht einen neuen Schlitz.

Jetzt wird das dritte Blatt durch die beiden ersten gesteckt usw.

Für eine Krone benötigt man zwischen 20 und 25 Blätter. Zum Schluss wird die Krone mit dem dicken Stielende des letzten Blattes verschlossen.

Herbstcollage: Alle kostbaren Dinge, die Sie mit den Kindern bei einem Herbstspaziergang finden, werden auf eine Sperrholzplatte aufgeklebt. Diese wird anschließend an der Wand befestigt.

Trachtenkostüme und bunter Blumenschmuck gehören zu einem festlichen Umzug, mit dem man den Erntedank feiert.

Zapfenmännchen

Aus Nüssen, Zapfen, etwas Watte, Geschenkband, Buntpapier und Zahnstochern entstehen lustige Zapfenmännchen. Die Gesichter werden mit bunten Filzstiften auf die Nüsse gemalt. Den fertig bemalten Kopf auf einem Tannenzapfen (Körper) befestigen, indem man ein Ende vom Zahnstocher in die Nuss bohrt und das andere Ende in den Zapfen sticht.

Nun aus Watte oder auch aus unversponnener Schafwolle eine Perücke auf die Nuss kleben und mit Geschenkband zusammenbinden. Zum Schluss erhält das Zapfenmännchen noch eine Halskrause aus Buntpapier. Den Papierstreifen für die Halskrause wie eine Ziehharmonika in ganz feine Fältchen zusammenlegen, eine Seite auszacken und in die andere einen Faden ziehen. Die Halskrause um den Hals (Zahnstocher) legen und den Faden zubinden.

Schmuckkästchen aus Apfelsinenschalen

Wer mag nicht gerne Apfelsinen? Aber was macht man mit den Schalen? Hier eine hübsche Idee, wie Sie mit den Kindern aus den Schalen ausgepresster Apfelsinen kleine »Schmuckkästchen« herstellen können.

Die Schalen der ausgepressten Früchte müssen etwas trocknen, dann werden sie vorsichtig gewendet. Wollen Sie runde Formen erhalten, binden Sie diese Schale über ein kleines, umgedrehtes Glas und lassen sie dort trocknen. Dann wird das nun harte Schälchen abgenommen und ergibt mit der zweiten getrockneten Apfelsinen-Schalenhälfte aufeinander gesteckt oder durch einen Stoffstreifen verbunden die gewünschte Schatulle. Sparsam mit Deckfarben bemalt, lassen sie sich noch verschönern. Und das Besondere: Diese Schatullen duften noch jahrelang angenehm nach Orangen.

Drucken mit Herbstblättern

Im Herbst verlieren die Bäume ihre Blätter, der Wind pustet sie mit Kraft von den Ästen. Bei einem Spaziergang können die Kinder fleißig sammeln und zu Hause die vielen verschiedenen Blattformen und Farben bestaunen.

Mit diesen Blättern lassen sich aber auch bunte Bilder drucken. Die Blätter werden hierfür einseitig dünn mit Plakafarben bestrichen und schon können die Kinder mit ihnen, ähnlich wie beim Kartoffeldruck, hübsche Bilder herstellen. Damit der Druck gleichmäßig wird und die empfindlichen Blätter nicht zerreißen, sollten die Kinder mit der entsprechenden Vorsicht vorgehen und Ballen aus alten Handtüchern zum Pressen benützen.

Aus kleinen, ganz alltäglichen Dingen – Nüssen, Zapfen, Kastanien, bunten Stoffresten, Papier, Streichhölzern oder Zahnstochern und ein wenig Farben – kann die ganze Familie hübsche Geschenke basteln.

Erntedank anderswo

Der Dank an Gott für die reichliche Ernte, für die Fülle an Obst, Gemüse und Getreide wird in aller Welt gefeiert. Nachfolgend werden einige Bräuche, Sitten und auch Rezepte aus anderen Ländern und Kulturkreisen vorgestellt.

Nordamerika

Halloween

Das Erntedankfest ist eine gute Gelegenheit, auf andere Kulturen aufmerksam zu machen und ein Verständnis dafür zu wecken, dass andere Völker zwar andere Sitten und Gebräuche haben, aber trotzdem in ähnlicher Weise für die reichen Gaben der Natur danken.

Halloween, auch »Candy-day« genannt, wird in den Vereinigten Staaten am 31. Oktober, dem Abend vor Allerheiligen – Hallows even – gefeiert. Im Vordergrund steht für die Kinder das Verkleiden sowie das von »Haus-zu-Haus-Gehen«, dem »trick-or-treating«, bei dem sie Süßigkeiten (treat = Spende) sammeln, die ihnen die Menschen schenken. Bekommen sie nichts, so erwarten den Geizkragen derbe Streiche (trick = Streich, Posse). In Kindergärten und Schulen können sich die Kinder während der zweiten Tageshälfte verkleiden. Es finden dann kleine Feiern, ähnlich wie an Fasching/Karneval bei uns, statt.

Die Wurzeln des Halloweenfestes sind vermutlich in der vorchristlichen Feier zum Jahreswechsel der britischen und irischen Kelten zu suchen. Das keltische Jahr endete am Abend vor dem 1. November. In dieser Nacht schwindet die Grenze zwischen den Lebenden und den Seelen der Verstorbenen. Ihnen zu Ehren brachte man Opfergaben in Form von Nahrungsmitteln dar, um sie günstig zu stimmen. Denn man glaubte, dass sie sonst die Lebenden heimsuchen würden. Der spätere Brauch, als böse Geister verkleidet, mit Rübenlaternen von Haus zu Haus zu ziehen und Geschenke im Austausch dafür zu fordern, dass das Heim von den Dämonen verschont bleibt, kam wohl mit den irischen Einwanderern nach Nordamerika.

Eine bekannte Frucht, der Kürbis, erfährt am Halloween große Bedeutung. Er wird in zahlreichen Rezepten schmackhaft zubereitet. In seine Schale wird ein Gesicht geschnitzt und ins Innere eine Kerze gestellt. Weil der so bearbeitete Kürbis etwas Gespenstisches verbreitet, ist er bei den Kindern besonders beliebt – und gefürchtet. Dazu verkleiden sie sich zu Hexen, Monstern, Teufeln oder Geistern. Teenager gehen in dieser Nacht auf »Chaostour«, ähnlich wie bei uns in der Nacht zum 1. Mai, der »Freinacht«.

Thanksgiving Day

Das erste Thanksgiving Nordamerikas feierten die Pilgrimfathers, englische Puritaner, im November 1621, ein Jahr nach ihrer geglückten Übersiedlung aus dem englischen Plymouth an die Küste des heutigen Massachusetts. Es blieb jedoch das einzige Erntedankfest dieser Art der Mayflower-Passagiere. Erst Abraham Lincoln erhob 1863 den heute am vierten Donnerstag des Monats November gefeierten Thanksgiving Day zu einem nationalen Feiertag des Dankes und der Erinnerung an die ersten Siedler.

Heute feiern die Amerikaner Thanksgiving mit einem Truthahnessen, meist im Kreise der Familie. Sogar in den Armenhäusern gibt es an diesem Tag Truthahn. In New York findet dazu ein großer Umzug statt, der zwei Stunden dauert und im Fernsehen übertragen wird.

Kochen mit dem Kürbis

Kürbissuppe

Zutaten: 1 Kürbis (ca. 1 kg Fruchtfleisch), Gemüsebrühe, 2 Zwiebeln, 1 Becher Crème fraîche, Petersilie, Schnittlauch, ca. 3/4 l Wasser.

Zubereitung: Zwiebeln klein hacken, andünsten, die Kürbisstücke hinzufügen. Mit dem Wasser auffüllen und das Ganze mit Gemüsebrühe abschmecken. Eine Viertelstunde kochen lassen. Wenn die Kürbisstücke weich gekocht sind, werden sie mit einem Pürierstab püriert. Zum Schluss die Crème fraîche dazugeben und die Suppe mit den gehackten Kräutern und gerösteten Kürbiskernen bestreuen.

Abkürzungen
EL = Esslöffel
TL = Teelöffel
l = Liter
g = Gramm
ca. = circa
°C = Grad Celsius

Basteln mit dem Kürbis

Die Kürbislaterne (Jack-o-lantern)

Der Kürbis wird entweder gerade oder auch im Zickzackmuster aufgeschnitten. Zunächst entfernt man Kerne und Fruchtfleisch mit einem Löffel. Danach werden Augen, Nase und Mund in die Schale geschnitten. Eine Kerze in den Kürbis gestellt – und fertig ist die Laterne. Die Amerikaner nennen sie übrigens »Jack-o-lantern«, was etwa Laternenmännchen bedeutet. Die herausgelöffelten Kerne werden abgewaschen und über Nacht auf ein Backblech zum Trocknen gelegt. Am nächsten Tag kann man sie leicht gesalzen in der Pfanne oder aber im Backofen bei 100 bis 150 °C rösten. Das Fruchtfleisch wird für die Kürbissuppe verwendet (siehe oben).

Ein bisschen gespenstig sieht es schon aus, wenn sich die Kinder in der Halloween-Nacht zu ihren Umzügen versammeln und durch die Straßen ihrer Stadt wandern.

Südamerika

Das Brot der Indianer

Vorlesetext

▶ Petra hat ihre Freunde zu einer Geburtstagsfeier eingeladen. Es ist Sommer und sie rösten im Hof Puffmais. Sie schütten die goldgelben Maiskörner in eine Pfanne, geben etwas Fett dazu und schon bald hüpfen die Körner in der flachen Pfanne. Durch die Hitze platzen sie auf und sehen wie Schneeflocken aus. Jetzt können die Kinder den Puffmais mit Zucker mischen und essen. Petras Mutter meint dazu:

»Der Mais schmeckt euch ja sehr gut! Wisst ihr aber auch, dass er das Korn der Indianer ist?

Vor mehr als 8 000 Jahren haben die Indianer in Mittelamerika den Mais aus Wildgräsern gezüchtet und angebaut. Damals hatte ein Maiskolben nur etwa fünfzig Körner! Aus den Maiskörnern backen die Indianer auch heute noch flache Brote, die ›Tortillas‹.

Auch in den wärmeren Gegenden Europas wird der Mais immer häufiger angebaut. Und genau wie bei den Indianern werden die Blätter zu Viehfutter verarbeitet. Sie ergeben ein gutes Kraftfutter. Die Körner werden an Hühner und Schweine verfüttert oder es wird Stärkemehl daraus gemacht. Und ganz junge, zarte Maiskölbchen kann man sogar roh essen. Sie sind saftig und schmecken süß. Ältere Kolben kann man kochen und braten und dann kann man noch Puffmais für kleine Leckermäulchen aus dem Korn der Indianer machen.«

Nach ihrem »Maismahl« machen die Kinder noch einen Spaziergang durch die Felder. Sie kommen auch an Maisfeldern vorbei. Da Petra vorher den Bauern um Erlaubnis gefragt hat, darf sie sich einen Kolben abpflücken, der noch ganz zart und weich ist. Sie verteilt die Körner unter ihre Geburtstagsgäste. ◄

Tortillas – Das tägliche Brot Guatemalas

Noch vor Sonnenaufgang machen sich die Mädchen und Frauen im Hochland Guatemalas auf den Weg zur nächstgelegenen Mühle, nicht selten ein Fußmarsch von mehr als einer Stunde. Doch diese Strapaze wird in Kauf genommen, da das Mahlen im eigenen Steinmörser noch weit anstrengender und zeitaufwendiger ist.

Mais, angebaut auf winzigen Feldern, bestimmt den täglichen Speiseplan. Tortillas heißen die dünnen, aus Maismehl, Wasser und Salz bestehenden Fladen, die es zum Frühstück, Mittagessen und Abendbrot gibt. Geröstete Pfefferschoten, schwarze Bohnen, manchmal auch anderes Gemüse oder Eier ergänzen die einfache Kost.

Die Zubereitung der Tortillas gleicht einer Zeremonie. Mit großer Sorgfalt wird jeder einzelne Fladen geformt und auf der Tonplatte gebacken.

Für die Indios zählen der Maisanbau und die Zubereitung der Tortillas zu den heiligen Pflichten, die einerseits an die Werke Gottes und andererseits an die Taten der Vorfahren erinnern.

Rezept für Tortillas

Zutaten: 1 Tasse Mehl, 1 Tasse Maismehl, 1 TL Salz, 50 g Fett, 1/2 Tasse Wasser.

Zubereitung: Mehl, Salz und Fett verrühren, das lauwarme Wasser unter ständigem Rühren dazugeben. Nun den Teig auf einem gemehlten Brett kneten, bis er geschmeidig ist. Den Teig in zehn gleich große Portionen teilen und zu dünnen, runden Fladen ausrollen. Die Fladen in einer heißen, ungefetteten Pfanne etwa 20 Sekunden von jeder Seite backen. Unbedingt warm servieren! Die Zutaten reichen für 10 Fladen.

Damit Sie keine herbe Enttäuschung erleben – achten Sie darauf, dass Sie für die Tortillas speziell dafür hergestelltes Maismehl verwenden (masa harina). Normales Maismehl kann man nicht dafür verwenden, da der Teig sehr spröde wird.

Schottland

Die Erntesuppe »Hotch-potch«

In Schottland gibt es den berühmten Hotch-potch, die Erntesuppe, die aus frischem Fleisch und den besten Gemüsen aus dem Garten gekocht wird. Hier das Rezept:

Rezept für Hotch-potch

Abkürzungen
EL = Esslöffel
TL = Teelöffel
l = Liter
g = Gramm
ca. = circa
°C = Grad Celsius

Zutaten: 750 g Rindfleisch aus Kamm oder Schulter, 4 Mohrrüben, 4 Rüben, 6 Zwiebeln, 1 Tasse Bohnen, 1 mittelgroßer Blumenkohl, 1 junger Wirsingkohl, 2 Tassen Erbsen, 2 TL feine Pfefferminzblätter, Zucker, Salz, Pfeffer und Petersilie.

Zubereitung: Das Fleisch mit den gewürfelten Mohrrüben, Rüben und Zwiebeln sowie den Bohnen mit Wasser aufkochen lassen, den Topf zudecken und 1 1/2 Stunden kochen lassen.

Unterdessen den Blumenkohl in Röschen teilen, den Wirsing fein schneiden und mit Zucker, Salz, Pfeffer und Pfefferminzblättern zur Suppe geben, die weiterkochen muss, bis das letzte Gemüse weich ist. Das Fleisch herausnehmen, klein schneiden und wieder dazugeben. Kurz vor dem Servieren mit gehackter Petersilie bestreuen.

Israel

Das Erntedankfest der Juden: das »Laubhüttenfest«

Sukkot, so der hebräische Name dieses siebentägigen jüdischen Festes, von dem nur ein Tag ein Ganzfeiertag ist, war ursprünglich das große Erntedankfest der Juden. Nach 3. Mose 23, 42-43 soll man sieben Tage lang zur Erinnerung an den Auszug aus Ägypten in Hütten wohnen.

Der Name des Festes geht auf diese Hütten zurück, die man auch heute noch in Gärten, Höfen und auf Balkons errichtet und deren Dächer aus grünen Zweigen bestehen. An den Festtagen werden von der Familie die Mahlzeiten in dieser Hütte eingenommen.

Mit Kindern können Sie eine solche Unterkunft im Garten nachbauen und dann gemeinsam beispielsweise Obst- und Gemüsespieße essen.

Zum Fest gehört ein Strauß, der Lulaw, der aus einem Palmzweig, drei Myrthen, zwei Weiden und einem Etrog, einer Art Zitrusfrucht, besteht.

Diesen Feststrauß mit den Kindern nachzubilden, ist eine lohnende Aufgabe, deren schwierigster Teil sein kann, alle Pflanzen zu bekommen. Aber auf einem Erntedanktisch macht sich ein solcher Feststrauß bestimmt nicht schlecht.

Rezept zum Laubhüttenfest: Kugel

Zutaten: 500 g Bandnudeln, 200 g Zucker, 125 g Butter oder Margarine, 2 fein geschnittene Äpfel, 225 g Sultaninen, 75 g gehackte Mandeln, 1 große Dose Ananasstücke (abgetropft), 1 TL Zimt, 1 Päckchen Vanillezucker, 1 Ei.

Zubereitung: Den Ofen auf 175 °C vorheizen. In der Zwischenzeit Zucker, Sultaninen, Ananas, Mandeln, Äpfel, Vanillezucker und Zimt in einer großen Schüssel vermengen. Die Nudeln gar kochen, dann das Kochwasser abschütten und die Butter oder Margarine über die noch heißen Nudeln geben (in kleinen Stückchen). Nun alle anderen Zutaten und ein leicht geschlagenes Ei dazugeben.

Die Masse in eine sehr gut gefettete Form füllen, noch ein paar Butterflöckchen aufsetzen und dann für etwa 60 Minuten bei 175 °C backen.

Den Kugel bitte auf jeden Fall einen Tag lang ruhen lassen, damit er beim Anschneiden nicht auseinander fällt. Er schmeckt warm wie auch kalt und lässt sich bestens im Ofen oder im Mikrowellenherd aufwärmen.

Das Laubhüttenfest bildet den Höhepunkt der häuslichen religiösen Feste des jüdischen Lebens. In Israel bezeichnet man es auch einfach als *das* Fest.

Die Dritte Welt

Wir können mit Kindern auf viele Arten Erntedank feiern. Wichtig ist es, ihnen dabei immer wieder bewusst zu machen, dass es nicht für jeden Menschen selbstverständlich ist, etwas zu essen zu haben.

Deswegen kann und soll man ihnen vermitteln, dass es überall auf der Welt Gleichaltrige gibt, die nie oder nur selten satt werden können.

Reis ist für viele Menschen das Hauptnahrungsmittel. Man schätzt, dass über ein Drittel der Weltbevölkerung sich von den Körnern des Rispengrases ernährt.

Ein anzusprechendes Thema wäre beispielsweise der Reisanbau in der Dritten Welt. Dabei gilt es, deutlich zu machen, unter welchen Mühen die Menschen diese Ernte einbringen. Und doch haben sie oft nur eine Handvoll Reis pro Tag zur Verfügung.

Mühevoller Reisanbau

Reis ist die wichtigste Körnerfrucht Süd- und Ostasiens. Das Rispengras wird etwa ein bis zwei Meter hoch, besitzt kräftige Wurzeln und lange Blätter, braucht Wärme und viel Feuchtigkeit. Die jungen Pflanzen müssen ständig im Wasser stehen. Daher kann der Reis nur an Flussufern, die regelmäßig überschwemmt werden oder dort, wo künstliche Bewässerung möglich ist, angebaut werden. Diese künstlich bewässerten Reisfelder werden meist in Hanglagen terassenartig angelegt.

Die besten Körner des Vorjahres werden zunächst eingeweicht, damit sie vorkeimen. Auf einer kleinen Ecke auf dem Feld wird das Saatgut im sogenannten Reis-Kindergarten ausgesät. Nach etwa zwei Monaten sind die jungen Pflanzen kräftig genug, so dass sie im großen Feld ausgesetzt werden können. Dann wird das Feld geflutet und die Pflanzen stehen etwa 20 Zentimeter im Wasser beziehungsweise Schlamm. Nach der Blüte fällt das Feld langsam trocken und der Reis wird per Hand geerntet.

Die geernteten Reiskörner werden in Reismühlen von den Spelzen getrennt und weiterverarbeitet.

Man kann den Mädchen und Jungen vorschlagen, einmal auf das vielfach reichhaltige »Pausenbrot« zu verzichten. Statt dessen kochen Sie gemeinsam mit ihnen Reis und servieren jedem Kind eine Schale hiervon. Dabei wird auch ihnen bewusst, wie wenig eigentlich eine Schale Reis – über den ganzen Tag verteilt – ist. Bei dieser Gelegenheit erinnern Sie die Kinder daran, dass jede Kultur auf irgendeine Weise Erntedank feiert. Die Sprache und die Bräuche dabei sind sehr unterschiedlich. Doch eines haben die Völker gemeinsam: Sie sagen Danke.

Vorlesegeschichten

Ein Reismärchen aus Thailand

Wohin Gier und Unzufriedenheit führen, zeigt uns dieses Märchen von den Reiskugeln. Sie soll den kleinen Zuhörern das Thema »Dankbarkeit und Genügsamkeit« vermitteln.

▶ In alter Zeit brauchten die Menschen noch keinen Reis zu pflanzen. Niemand musste seine Zeit verlieren mit Ernte und Einbringen des Korns. Wenn die Zeit gekommen war und der Reis war reif, dann fügten sich die Körner von selbst zusammen zu großen Bällen und Kugeln. Ganz allein rollten sie sich in die Scheunen. So geschah es jedes Jahr von Neuem und die Menschen lebten in Muße glücklich dahin.

Einmal lebte im Dorf eine Witwe. Sie war von unstet sprunghaftem Wesen. Eines Tages, in der Jahreszeit der Reife, als sich die Reiskugeln wie gewöhnlich anschickten, in die Scheunen zu rollen, eilte sie aus ihrer Hütte heraus und öffnete die Tore ihres Vorratshauses. Dann wartete sie auf ihren Reis. Die Kugeln und Bälle kamen auch pünktlich herbeigerollt und im Handumdrehen war das Vorratshaus gefüllt. Als die Frau das sah, wurde sie übermütig und öffnete schnell noch einen alten Schuppen im Hof, denn sie wollte in ihrer Habgier mehr besitzen, als sie bedurfte.

In ihrer Aufregung gab sie nicht Acht auf ihre Füße. Sie stieß an die rollenden Kugeln und von dem Zusammenprall zerfielen sie in Körnchen und blieben über den Boden gestreut liegen.

So kam es, dass die heilige Mutter des Reises aufhörte, den Reis wie bisher in Kugeln vom Feld in die Hütten zu senden. Aus Mitleid mit den Menschen woll-

Vorlesetext

Sich ein wenig in Genügsamkeit zu üben, würde so manch einem gut zu Gesicht stehen.

Hunger und Armut sind auch bei uns verbreitet und werden uns in Zukunft mehr und mehr bedrängen. Sensibilisieren Sie die Kinder beispielsweise durch eine Vorlesegeschichte wie »Afrika ist überall«.

te sie ihnen den Reis nicht ganz entziehen und erlaubte, dass der Reis von nun an gepflanzt, geerntet, in die Scheunen gebracht und gedroschen wurde durch der Menschen Arbeit. So ist es bis heute geblieben.

Dies alles verdanken wir jener Witwe. Wenn sie nicht gewesen wäre, müssten wir Menschen nicht um den Reis so viele Schmerzen erdulden. Dann käme der Reis noch immer in Kugeln, so groß wie Kürbisse, zu uns. ◀

Aus: Märchen aus Thailand, herausgegeben und übertragen von Christian Velder.
© Eugen Diedrichs Verlag, München

Afrika ist überall

Unsere Kinder kennen keinen Hunger, keine Not – das ist gut und schön. Diese Geschichte soll ihnen aber bewusst machen, dass es anderen Kindern auf dieser Welt nicht so gut geht wie ihnen, dass sie lernen dankbar zu sein und dass ihr sorgenfreies Leben nicht selbstverständlich ist.

Vorlesetext

▶ Beim Mittagessen ist Papa böse auf Katja. Katja mag nämlich nicht ihren Teller leer essen. »Den doofen Reis«, mault sie, »mag ich nicht essen. Und das Fleisch mit der komischen Soße auch nicht.«

»Iss«, sagt Papa. »Das Gulasch schmeckt prima und der Reis auch.«

Dreschen von Reis in Madagaskar. Mit einfachen Mitteln werden die Körner vom Stroh getrennt.

»Mir schmeckt's aber nicht«, meckert Katja und schiebt ihren Teller weg. »Ich hab auch gar keinen Hunger mehr.«

Papa sieht Katja böse an. »Hunger?«, fragt er, und seine Stimme klingt anders als sonst. Richtig streng. »Weißt du, was Hunger ist? In Afrika, da freuen sich Kinder über eine Handvoll Reis. Mehr kriegen die nicht am Tag. Wenn überhaupt …! Und nun iss!« Katja schüttelt den Kopf. Sie hat sich heute so auf Nudeln mit Tomatensoße und Fleischklößchen gefreut. Nicht aber auf Reis. »Ich mag dieses Essen aber nicht!«, schimpft sie. »Und diesen dummen Reis mag ich schon gar nicht. Afrika ist so weit weg.« »Schade«, sagt Papa, und jetzt klingt seine Stimme traurig. »Afrika ist überall«, murmelt er und trägt Katjas Teller mit dem Gulasch und dem Reis in die Küche.

Afrika ist überall? Den ganzen Nachmittag muss Katja darüber nachdenken. Sie denkt an die hungrigen Kinder in Afrika. Nur eine Handvoll Reis am Tag? Das ist sehr wenig. Und die Kinder in Afrika freuen sich darüber! Ob ihnen Reis so gut schmeckt? Oder ob sie vielleicht nicht auch viel lieber Nudeln mit Tomatensoße oder Pizza oder Hamburger mit Pommes und Ketchup oder Schokoladeneis essen würden? »Arme Kinder«, murmelt Katja, und irgendwie tut es ihr im Bauch weh, wenn sie an Afrika denkt.◄

Elke Bräunling, aus: Rolf Krenzer (Hrsg.): »Warum geht's dir nicht so wie mir?«.
© Verlag Georg Bitter, Recklinghausen

Bastel- und Zuordnungsspiel

Die Ernte der Welt

Zeichnen Sie mit einem Stift auf eine alte Tapetenrolle die groben Umrisse der Erdteile und hängen Sie diese Weltkarte an die Wand. Darunter legen Sie viele verschiedene landwirtschaftliche Produkte aus unterschiedlichen Ländern auf einen Tisch. Außerdem brauchen Sie noch Wollreste, Stecknadeln und Klebstreifen sowie Erdkundebücher, einen Atlas und ein Lexikon.

Nun darf der Reihe nach jedes Kind ein Produkt nehmen und zusammen finden alle heraus, aus welchem Land und von welchem Kontinent es stammt. Mit einem Klebestreifen befestigen die Kinder das eine Ende des Wollfadens an dem ausgewählten Produkt, das andere Ende wird mit Hilfe der Stecknadeln an die betreffende Stelle der Weltkarte geheftet. So entsteht ein eindrucksvolles Bild der »Ernte der Welt«.

Will man übrigens reinweißen Reis erhalten, müssen die von den Spelzen befreiten Körner noch poliert werden. Durch diesen Vorgang verlieren sie aber das feine und sehr nährstoffreiche Silberhäutchen.

Religiöse Erziehung

Dankgebete

Wenn ich Hungernde sehe,
schmeckt mir mein Brot nicht mehr.
Wenn ich vor Bettlern stehe,
schäm ich mich sehr.
Warum gibt es Arme?
Warum bin ich reich?
Warum sind nicht alle Menschen gleich?
Herr Gott, entschuldige mein Fragen,
aber kannst du mir eine Antwort sagen?

Gudrun Pausewang

Wir sollten schon frühzeitig mit unseren Kindern über unser Leben nachdenken. Wenn uns bewusst wird, für was wir alles danken dürfen, werden wir staunen.

Alle guten Gaben,
alles was wir haben,
kommt, o Gott, von dir.
Dank sei dir dafür.

Segne, Vater, diese Speise,
uns zur Kraft und dir zum Preise.
Wir bitten, Herr, sei unserm Haus
ein steter Gast, tagein, tagaus,
und hilf, dass wir der Gaben wert,
die deine Güte uns beschert.

Unser Tisch ist reich gedeckt,
dass wir zu essen haben.
Dankeschön, guter Gott,
danke für die Gaben!
Segne, Herr, uns und diese Gaben,
die wir mit Dank
von deiner Güte
und der Liebe von Menschen
empfangen.

Wenn wir jetzt zusammen essen,
werden alle satt.
Gott, lass uns den nicht vergessen,
der auch Hunger hat.

Lied vom Überfluss

T: **Rolf Krenzer**
M: **Klaus Immer**

But - ter, Ho - nig, Mar - me - la - de, Gum - mi - bär-chen,

Scho - ko - la - de, Corn-flakes, Milch und süs - ser Reis,

Mar - zi - pan und Him-beer - eis. Ja, ich leb im

Ü - ber-fluss, wenn der an - dre hun - gern muss.

Wer teilen und schen-ken kann, teilt Freude aus, erhält dafür Dank und noch mehr zurück, was Teilen und Geben doppelt aufwiegt.

2. Fleisch, Pommes frites und Jäger-
   soße,
   Reis mit Huhn, Fleisch aus der
   Dose,
   Nudeln, Ketchup, Apfelbrei,
   frisches Brot zum Frühstücksei.
   Ja, ich leb im Überfluss,
   wenn der andre hungern muss.

3. Äpfel, Pflaumen und Tomaten,
   Kotelett, Schnitzel, Rinderbraten,

Sahne, Zucker zum Kaffee
und Zitrone in den Tee.
Ja, ich leb im Überfluss,
wenn der andre hungern muss.

4. Alle können besser leben,
   wenn wir teilen, wenn wir geben,
   dass ein jeder etwas hat,
   denn dann werden alle satt.
   Und es wird mein Überfluss
   überflüssig dann zum Schluss.

Literaturhinweise

»Erde, unser schöner Stern«, Stepan Zavrel, Ursula Wölfel.
Verlag Patmos
Die Geschichte von der Erde und den Menschen. Texte und Bilder zeigen, welch ein Geschenk, aber auch welch eine Aufgabe die Erde für den Menschen bedeutet. Am Schluss, heißt es, freuen sich die Kinder. Sie sagen: »Wenn wir groß sind, dann bauen wir weiter.«

»Der letzte Baum«, Stepan Zavrel. Verlag bohem press
In einem Dorf lebt ein Förster, der seine Bäume über alles liebt und pflegt. Er lehrt die beiden Kinder, einen Jungen und ein Mädchen, die Pflege der Bäume. Der Bürgermeister will eine Brücke aus Holz bauen lassen, doch der Förster sagt, man solle noch warten, da er im Augenblick nur Jungholz habe. Den Fehler, den die Stadt vor vielen Jahren machte, als reiche fremde Menschen in die Stadt kamen und viel Reichtum für ihr Holz boten, möchte er nicht noch einmal wiederholen.

»Komm mit durchs Jahr«, Babett Lentzen, Alfons Schweiggert.
Verlag Stalling
Zwölf Briefe von Kindern und Erwachsenen an Erwachsene und gleichaltrige Freunde schildern den Ablauf eines Jahres mit seinen besonderen Merkmalen und Ereignissen.

»Die Erd-Uhr«, Una Jacobs. Verlag Ellermann
Das Wort Erde hat zwei Bedeutungen: Einmal die des Erdballs mit Kontinenten und Meeren, mit Bergen und Tälern; zum anderen die der krümeligen, braunen Erde des Ackers und des Gartens mit Steinen und Wurzeln, Pflanzen und Tieren. Dieses Naturbilderbuch will Kindern etwas von der Schönheit und Kostbarkeit der Erde erzählen.

»Meine allerliebsten Bäume«, Barbara Bartos-Höppner. Verlag Schroedel
Meine allerliebsten Bäume, das sind die Lieblingsbäume des kleinen Jockele. Für jeden Monat des Jahres hat Jockele einen besonderen Lieblingsbaum. Für den Januar die Kiefer, für den Juni die Linde, für den Oktober die Kastanie.

Warum? Weil Jockele seine Bäume gerade dann am schönsten und interessantesten findet und er dann mit den Zweigen, Blüten und Früchten am meisten anfangen kann.

»Mein Freund der Opabaum«, Irmtraud Gube, Habib Bektas. Verlag Boje
»Wer die Bäume liebt, kann mit ihnen reden«, erzählt der Großvater seinem Enkel bei ihren Spaziergängen im Wald. Einen Baum, den »Opabaum«, hat Opa besonders gern, weil dessen Großvater ihn damals pflanzte. Im Schatten seiner Baumkrone ruhten sie oft aus. »Eines Tages wirst du auch mit unserem Freund reden«, tröstet der Großvater, »hab nur Geduld.«
Was dann der Opabaum dem Jungen ins Ohr flüstert, ist sehr spannend.

»Das Apfelmäuschen«, Ulrich Thomas, Mathilde Reich.
Kinderbuchverlag Luzern
Die Mutter vom Apfelmäuschen wundert sich über ihr Mäusekind, das sich plötzlich selbstständig gemacht hat. Dass dies gar nicht so einfach ist, erlebt man in diesem Buch.

»Die Kürbisrassel«, Hetty Krist, Georg Telemann. Verlag Herder
Dieses Bilderbuch erzählt kleine Geschichten von Kindern aus fernen Ländern. Es sind Geschichten, mit denen man auf Entdeckungsreise gehen kann. Geschichten, die Einblicke in fremde Lebensweisen geben und die etwas von der Vielfalt des menschlichen Lebens auf unserer Erde zeigen. So rückt das Fremde näher – und Neugier war schon immer gut gegen Vorurteile.

»Martin hat keine Angst mehr«, Christa Unzner. Nord Süd Verlag
Martin hat von einer Fee geträumt. Diese Fee hat ihm einen unsichtbaren Kürbiskern (sie nennt ihn Kürbisknilpser) geschenkt. Mit diesem kann er jeden, der ihm Angst macht, in einen Kürbis verwandeln. Mit dem Kürbiskern in der Hand überwindet er seine Angst, meistert er viele schwierige Situationen.
Er lernt Peter kennen, der ihm erklärt, dass es gar nicht schlimm ist, Angst zu haben und einmal mutlos zu sein. Martin erfährt, dass jeder auf irgendeine Art Angst hat und man nur Mut entwickeln muss, etwas dagegen zu unternehmen. Diese Erkenntnis macht Martin froh und er freundet sich mit Peter an. Die Kinder lernen, dass Angst und die damit verbundene Mutlosigkeit etwas ganz Natürliches sind, das jeder einmal hat. Jedoch ist es wichtig, etwas

gegen diese Angst und Mutlosigkeit zu unternehmen. Es gibt viele kleine Tricks oder Hilfsmittel, die es einem erleichtern, seine Angst und die Mutlosigkeit zu überwinden. Wer Mut entwickelt, überwindet viele schwierige Situationen.

»Nur ein kleines Samenkorn«, Eric Carle. Verlag Gerstenberg
Dieses Bilderbuch erzählt von der Reise eines kleinen Samenkorns. Von der Aussaat bis zur Ernte wird der lange Weg liebevoll beschrieben.

»Sara und der goldene Weizen«, Meryl Doney. Verlag Brunnen
Sara ist eine kleine Feldmaus, die mit ihren Freunden und ihrer Familie Wintervorräte sammelt. Es wird in diesem Bilderbuch sehr klar, wie wichtig und wunderbar jede Ernte ist.

»Bei uns im Garten«, Wolfgang de Haen. Verlag Ravensburger
Es wird hier von einer Familie erzählt, die einen Garten hat. Man kann in Abfolge der vier Jahreszeiten miterleben, wie viel Freude, aber auch Mühe Gartenarbeit bereitet.

»Auf dem Markt«, Irmgard Eberhard, Ursel Scheffler. Verlag Ravensburger
Hier werden alle wichtigen Bereiche eines Marktes vorgestellt. Man kann vom Gemüsestand bis zum Metzger alles kennen lernen und mehr über die Herkunft der einzelnen Produkte erfahren.

Über die Autorin

Sonja Schneider ist Erzieherin und arbeitet als Leiterin eines katholischen Kindergartens im Landkreis Augsburg.

Hinweis

Das vorliegende Buch ist sorgfältig erarbeitet worden. Dennoch erfolgen alle Angaben ohne Gewähr. Weder die Autorin noch der Verlag können für eventuelle Nachteile oder Schäden, die aus den im Buch gegebenen Hinweisen resultieren, eine Haftung übernehmen.

Zu den Quellen: Lieder und Texte wurden mit freundlicher Genehmigung der im Text genannten Autoren und Verlage abgedruckt. Bei manchen Texten war es uns leider nicht möglich, die Quellen in Erfahrung zu bringen. Wir bitten eventuell nicht genannte Urheber um eine Benachrichtigung.

Bildnachweis

Bavaria, Gauting: 5 (Anton Geisser); Bilderberg, Hamburg: 41 (Milan Horacek), 102 (Aurora); Fotoarchiv, Essen: U4 (Wolfgang Schmidt), 24 (Ernst Horwath), 92 (Bob Krist); Image Bank, München: 13 (G. + M. David de Lossy), 31 (Kaz Mori), 59 (Antony Edwards), 82 (Chris Taylor), 96 (Peter M. Miller); Mauritius, Mittenwald: U2 (Frauke); Tony Stone, München: Titel (Lori Adamski-Peek), 7 (Linda Burgess), 18 (Hans Rudolf Uthoff), 36 (Ian O'Leary), 43 (Simon Jauncey), 51 (Rex Ziak), 61 (Paul Stover), 70 (Andre Perlstein), 87 (Sara Gray)

Alle Illustrationen stammen von Nada Gotovac, München.

Impressum

© 1997 Südwest Verlag GmbH & Co. KG, München

Alle Rechte vorbehalten. Nachdruck – auch auszugsweise – nur mit Genehmigung des Verlages.

Redaktion:
Monika Zilliken
Projektleitung:
Ernst Dahlke
Redaktionsleitung:
Nina Andres
Bildredaktion:
Ute Schoenenburg
Produktion:
Manfred Metzger
Umschlag:
Till Eiden
Innenlayout:
Wolfgang Lehner
DTP/Satz:
Arthur Lenner, München
Druck:
Weber Offset, München
Bindung:
R. Oldenbourg, München
Printed in Germany

Gedruckt auf chlor- und säurearmem Papier

ISBN 3-517-07535-3

Sachregister

Abendmahl 16
Apfel, Entstehung 43f.
Apfelbaum 42
Apfelbaum pflanzen 44
Apfelerntedank 42ff.
Apfelkette 54
Apfelrezepte 45, 52
Apfelsorten 42ff.
Ausflüge
  - zu Apfelgärten 44
  - zum Bäcker 17
  - zum Bauern 16, 60, 69
  - zum Müller 16
  - zum Wochenmarkt 69
  - zur Mosterei 44
Aussaat 15f.
Basteln 54, 63f., 67, 81, 92, 95
Bastelspiel 103
Baum als Symbol des Lebens 57
Beri-Beri-Krankheit 103
Brot 14ff.
  - Bedeutung 14
Brotbrechen, Bedeutung 29f.
Brotrezepte 17ff.
Brotsorten 14
Ceres (röm. Göttin des Ackerbaus) 6
Dankbarkeit lernen 4, 8f., 101f.
Danken 4ff.
Darstellungsspiele 26ff.
Demeter (griech. Göttin des Ackerbaus) 6
Dreschen 16f.
Dritte Welt 100ff.

Drucken mit Herbstblättern 93
Erntebier 7
Erntedank
  - anderswo 94ff.
  - ein kirchliches Fest 4
  - Fest der Sinne 4
  - heute 7
  - Ursprünge 6
Erntedankaltar 68
Erntedankbäume 7
Erntedankbrotfest 14ff.
Erntedanktisch 84f.
Erntekranz 7
Erntekrone 7
Ernten 4f.
Erwachsene als Vorbild 4
Erziehung, religiöse 5, 29ff., 55, 83ff., 104f.
Experimente 15, 67
Farben benennen 80
Fingerfarben 55
Fingerspiele 23, 49f.
Fladenbrote 16
Frühkartoffeln 59
Gebete zum Dank 33, 55, 84, 104f.
Gedichte 9, 21f., 48, 74
Gemüse 4, 7f., 68ff.
Gemüserezepte 70f.
Gemüsesorten 69
Genügsamkeit üben 101
Gerste 15
Gespräch
  - rund um den Apfel 42f.
  - rund um die Kartoffel 59
  - rund ums Brot 14f.
  - zu Erntedank 8f.

Gestalten 55, 81, 92
Getreide 4, 7
Getreideanbau 16
Getreidesorten 14f.
Gleichnis 39ff.
Gottesdienstgestaltung 39
Hafer 15
Hagebutte 88
Halloween 94
Herbstcollage 92
Herbstkirchweih 7
Herbstkrone 92
Hirse 15
Israel, Erntedank in 98f.
Kartoffel, Herkunft 58
Kartoffeldruck 67
Kartoffelernte 60
Kartoffelfest 58ff.
Kartoffelmännchen 67
Kartoffelpflanze 58
Kartoffelpuppen 64
Kartoffelrezepte 60f.
Klangexperimente 40f.
Knäckebrot 25
Kürbis 94f.
Kürbislaterne 95
Laubhüttenfest 6, 98
Lebensmittelallergie 71
Lieder 10f., 24ff., 34ff., 51ff., 56f., 66, 76ff., 85, 89ff., 105
Literaturhinweise 106ff.
Lulaw (Festtrauß) 98f.
Mais 15, 97
Malen 75, 81
Mehl 15ff.
Nordamerika, Erntedank in 94f.

Nüsse 69
Nusskastagnetten 91
Obst 4, 7f., 68ff.
Obst- und Gemüseerntedank 68ff.
Obstsorten 68
Pappmachéobst 76, 81
Partnerspiele 82
Pilze 69
Puppen aus Gemüse 81
Rätsel 9f., 23, 49, 65, 75, 78, 88
Regen, Bedeutung 10
Reime 65, 74f.
Reis 15, 100f.
 - polierter 103
Reisanbau 100
Reißen und kleben 81
Roggen 15

Roggenmehl 18
Rollenspiel 32, 35
Rübengeist 81
Säen 4
Sauerteig 16
Schätze der Natur 86ff.
Schatzkiste bauen 92
Schawuotfest 6
Schmuckkästchen aus Apfelsinenschalen 93
Schottland, Erntedank in 98
Schrumpelmännchen 67
Sinnesübungen 82
Solanin 61
Sommerweizen 15
Spiele 12f., 28, 38f., 54, 66, 80f.
Südamerika, Erntedank in 96f.
Sukkot siehe Laubhüttenfest

Tanzlied 37f., 77f.
Teilen 4ff., 13, 47, 56, 83, 105
Thanksgiving Day 95
Überfluss 105
Verantwortung für andere 83
Vorlesegeschichten 20f., 29ff., 45ff., 62ff., 71ff., 83f., 86ff., 96f., 101ff.
Votivmessen 6
Wachstumsphasen 8, 44
Weizen 14
Weizenkorn, Weg 15
Weizenmehl 18
Winterweizen 15
Wodan 6
Zapfenmännchen 93
Zuordnungsspiel 103

Register der Lieder

Afrika ist überall (Vorlesegeschichte) 102f.
Äpfel angeln (Spiel) 54
Apfelbaum und Pflaumenbaum (Fingerspiel) 50
Apfelernte (Vorlesegeschichte) 45ff.
Brot in deiner Hand (Vorlesegeschichte) 29f.
Bunt sind schon die Wälder (Lied) 89
Dankgebete 104f.

Das Ährenfeld (Gedicht) 22
Das Brot der Indianer (Vorlesegeschichte) 96f.
Das Erntewunder (Vorlesegeschichte) 31f.
Das Gleichnis vom Weizen (gespielte Geschichte) 39ff.
Das Hamsterlied 90
Das Riech- und Tast-Spiel 82
Das Rübenziehen (Vorlesegeschichte) 71
Das Schmeck-Spiel 82
Der Bauer baut mit Müh und Not (Gedicht) 21f.
Der Bratapfel (Lied) 52
Der dicke, fette Pfannkuchen (Vorlesegeschichte) 20

Der letzte Apfel (Vorlesegeschichte) 47
Die Ernte der Welt (Spiel) 103
Die Geschichte vom Obstsalat 83f.
Die Kornähre (Vorlesegeschichte) 21
Die Mühle, die braucht Wind (Lied) 24
Drei lustige Reime 74f.
Drei pfiffige Rätsel 88
Drei Rätsel vom Apfel 48
Ein Erntedanklied als Tanzlied 37f.
Ein Korn für dich (Lied) 34

Ein Reismärchen aus Thailand (Vorlesegeschichte) 101f.
Erntedank (Gedicht) 9
Erntedank (Lied und Tanz) 85
Erntetanz (Lied und Spiel) 77f.
Fingerspiel von den Äpfeln 49
Fünf Finger 50
Fünf kleine Finger 49
Fünf knifflige Rätsel 75
Gebete 84
  - zum Dank 33, 55
Gedichte über Äpfel und Birnen 48
Gestern abend (Gedicht) 74
Gibst du mir von deinem Apfel ab? (Lied vom Teilen) 56
Ging ein Weiblein Nüsse schütteln (Lied) 91
Hab ein Beet im Garten (Fingerspiel) 23
Herbstzeit ist Erntezeit (Lied) 11
Ich trage einen langen Halm (Lied und Spiel) 27f.
Ich weiß einen Stern gar wundersam (Gedicht) 9
In einem kleinen Apfel ... (Lied) 51
Kartoffellied 66
Kartoffelrallye (Spiel) 66
Kleines Spiel zum Erntedankfest 38f.
Knisper-, Knusper-, Knäckebrot (Lied) 25
»Knolle« und seine Freunde (Vorlesegeschichte) 63f.
Lied vom Hoffnungsbaum 57
Lied vom Überfluss 105
Lustiger Kartoffelreim 65
Mitten auf der Wiese (Lied und Spiel) 53f.
Obst und Gemüse in einen Korb legen (Spiel) 80f.
Obstkorb (Spiel) 80
Obstsalat (Lied und Spiel) 76
Sag uns, Herr Bäcker (Lied und Spiel) 26f.
Seht, was wir geerntet haben (Lied und Spiel) 35f.
Sind erst die Radieschen reif (Lied und Spiel) 78ff.
Supermarktgarten (Vorlesegeschichte) 72f.
Tanja feiert Erntedankfest (Vorlesegeschichte) 86ff.
Vom guten Kartoffelkönig (Vorlesegeschichte) 62f.
Was man aus Mehl alles machen kann (Spiel) 28
Was reimt sich da? 65
Wenn es regnet (Lied) 10
Wie ist das mit dem Teilen? (Spiel) 13
Wir ernten im Garten (Spiel) 12
Zwei Rätsel
  - vom Bitten und Danken 9f.
  - vom Korn 23
  - von der Kartoffel 65

Register der Rezepte

Apfel-Nuss-Auflauf 45
Apfelmus 45
Bratapfel 52
Brot, das man einfach bricht 19
Folienkartoffeln 61
Gemüseeintopf 70
Gemüsespieße 71
Hefezopf, süßer (oder süße Brötchen) 18f.
Hotch-potch (Schottland) 98
Kartoffelsuppe "Erntedank" 61
Kranzbrot a la Provence 19
Kugel (Israel) 99
Kürbissuppe (Nordamerika) 95
Mischbrot 17
Pommes frites, einmal anders 60
Tortillas (Südamerika) 97
Weißbrot 18